Bimmelbahn-Romantik

Hrsg. Martin Weltner

Bimmelbahn-Romantik
Nebenbahnen in Deutschland

Unser komplettes Programm:
www.geramond.de

Produktmanagement:
Thomas Hanna-Daoud,
Martin Weltner

Satz:
A. Schmid, Freising
Repro: Cromika s.a.s, Verona

Umschlaggestaltung:
Nina Andritzky unter Verwendung von
Bildern von D. Beckmann (oben) und
Uwe Miethe
Aufnahme S. 2: T, Horn
Aufnahme Vorsatz: CWS
Aufnahme Nachsatz: H. Brinker

Herstellung:
Thomas Fischer
Printed in Italy by Printer Trento S.r.l.

Alle Angaben dieses Werkes wurden von den Autoren sorgfältig recherchiert und auf den aktuellen Stand gebracht sowie vom Verlag geprüft. Für die Richtigkeit der Angaben kann jedoch keine Haftung übernommen werden. Für Hinweise und Anregungen sind wir jederzeit dankbar. Bitte richten Sie diese an:

GeraMond Verlag GmbH
Lektorat
Infanteriestraße 11a
80797 München
e-mail: lektorat@verlagshaus.de

Die Deutsche Nationalbibliothek –
CIP Einheitsaufnahme
Ein Titeldatensatz für diese Publikation ist bei der Deutschen Nationalbibliothek erhältlich.

© 2009 GeraMond Verlag GmbH,
München
ISBN 978-3-7654-7097-4

Bimmelbahn-Romantik verkörperten die beiden letzten bayrischen Lokalbahnloks der DB: Am 1. Juli 1968 standen 098 812 und 098 886 mit ihren Zügen im gepflegt wirkenden Bahnhof Bad Neustadt/Saale H. Wülfing

Inhalt

Läuten und Pfeifen
Nebenbahnbetrieb bei der DB — 6

Kleine Helden
Typengalerie: Nebenbahn-Fahrzeug der DB — 14

Der letzte Zug
Abschiedsfahrten auf Nebenstrecken — 19

Landpartie und manches mehr
Nebenbahn-Atmosphäre zwischen 1949 und 1969 — 20

Schmalspurige Bundesbahn
Die 750- und 1.000-Millimeter-Strecken der DB — 26

Durch das Watt
Bahnbetrieb auf Wangerooge — 33

Das andere Reisegefühl
Mit dem „Heckeneilzug" durchs nordhessische Bergland — 34

Holz, Vieh und Stückgut
Der Güterverkehr in der Fläche — 38

Notizen aus der Provinz
Nebenbahn-Atmosphäre zwischen 1970 und 1993 — 42

Auf verlorenem Posten?
Die Entwicklung der DB-Nebenbahnen — 50

Ostbayern mal anders ...
Mit dem GmP 8243 nach Bärnau — 60

Die Unvergessene im Harz
Die Gebirgsnebenbahn Goslar – Altenau — 66

Die Anspruchsvollen
Zahnrad-Nebenbahnen der DB — 68

Club der Exoten
Elektrische Nebenbahnen der DB — 71

Klein, aber oho
Vielfalt ist Trumpf bei den Nebenbahnen der DR — 74

Auf Sand und Kies
Die Kleinbahnen in der Altmark — 86

Erbstücke und Eigenbauten
Die Nebenbahn-Fahrzeuge der DR — 90

Wichtige Ergänzung
Nebenbahnen als Verbindungsstrecken — 95

Kurze Episode
Von Brandenburg nach Vorpommern: die Schmalspurbahn Klockow – Pasewalk — 96

Die Panzerstrecke
Eine Nebenbahn mit militärischer Bedeutung — 99

Begehrt und umstritten
DR-Nebenbahnen von den Nachkriegsjahren bis zur Vorwendezeit — 100

Kaum der Rede wert
Nebenbahnen in und um Berlin — 110

Strecken mit Sonderrolle
Nebenbahnen mit Hauptbahn-Charakter — 113

Eile mit Weile
Impressionen vom DR-Nebenbahnbetrieb — 116

„Än boor Foodos"
Ein Ausflug nach Nossen — 124

Über Nacht verändert
Die Nebenbahnen an der innerdeutschen Grenze — 126

Publikumsmagneten
Prominente Nebenbahnen der DR — 128

Impressionen

Nebenbahnbetrieb bei der Deutschen Bundesbahn
Läuten und Pfei

Die Tafeln „L(äuten)" und „P(feifen)" für die Achtungssignale der Züge sind fast untrennbar mit den Nebenbahnen verbunden. Rund 11.500 Kilometer solcher Strecken kamen zur DB. Das bedeutete eine Vielfalt an Betriebsformen, Fahrzeugen – und Problemen

Eisenbahnromantik pur strahlt diese Aufnahme von der Strecke Memmingen – Legau aus den 50er-Jahren aus. Die ehemalige Lokalbahn-AG-Lok 98 1702 hat wie die Eisenbahn überhaupt noch ihren festen Platz im Land. Noch, denn keine 20 Jahre später ist diese Linie von der Bildfläche verschwunden Slg. P. Schricker

Impressionen

Nur fünf Kilometer sind es von Eichstätt Bahnhof nach Eichstätt Stadt. Im Mai 1981 fahren hier wie vielerorts Schienenbusse. Und wie auf vielen anderen Linien unternehmen die roten Gefährte eine friedliche Landpartie, im Bild bei der Willibaldsburg
U. Kandler

Nebenbahnbetrieb

Der Güterverkehr ist für die Bundesbahn lange Zeit ein wichtiges Standbein im Nebenbahnbetrieb. Im Mai 1968 rangiert eine 78er in Bischofsheim (Rhön) ihre Fuhre zurecht; dann geht es zurück nach Bad Neustadt (Saale) J. Krantz

Schulkinder stellen von Anfang an eine wichtige Klientel der Nebenbahnen. Oft sind sie am Ende die einzigen, welche die Züge nutzen – auch, weil das Angebot nur noch auf sie zugeschnitten ist. Im September 1992 bringt ein Schienenbus in Erndtebrück die Schüler nach Hause D. Höllerhage

Impressionen

Vor allem in den ersten Bundesbahn-Jahren sehen die Nebenstrecken vielfältige, oft improvisierte Züge. So ist auch die Garnitur mit der 86er und Behelfspersonenwagen (MCi) im oberpfälzischen Schmidmühlen nichts Besonderes   G. Turnwald

Anfang der 8oer-Jahre droht der Eifelstrecke Kall – Hellenthal das Aus. Die Bahnlinie mit der berühmten Ortsdurchfahrt in Olef ist wie viele andere Nebenbahnen defizitär. Im Juli 1980 fährt die 212 dort quasi schon auf Abruf; im Mai 1981 endet der Personenverkehr   U. Kandler

Nebenbahnbetrieb

Alte Technik und geruhsame Arbeit: Das ist der Schrankenposten 10 in Westig im Mai 1989. Der Betrieb auf den Nebenbahnen hat meist nichts von der Hektik auf vielen Hauptstrecken D. Höllerhage

Impressionen

Nebenbahnbetrieb

Mehr noch als die Normalspurbahnen werden die Schmalspurbahnen der DB vom anwachsenden Straßenverkehr überrundet. Von den 13 Strecken 1949 kann sich nur eine bis zum Ende der Bundesbahn-Ära halten. Etwas anders liegt der Fall bei der Zabergäubahn Lauffen – Leonbronn in Württemberg: Hier steigt das Aufkommen zunächst, sodass man die Strecke 1964 von 750-Millimeter- auf Normalspur umbaut. Am 3. Mai des Jahres fährt der Abschiedszug der Schmalspurbahn mit Lok 99 716 (Foto). Heute indes ist auch der Betrieb auf den Normalspurgleisen Geschichte   T. Horn

Hintergrund

■ Typengalerie: Nebenbahn-Fahrzeuge der DB

Kleine Helden

Auf die Frage, welches die repräsentativen Nebenbahnfahrzeuge der Bundesbahn waren, könnten einem eine Menge Baureihen einfallen. Tatsächlich war es aber nur eine Handvoll Lok- und Wagentypen, die in großen Stückzahlen den Nebenbahnverkehr im Bundesgebiet prägten. Der nachfolgende Überblick ist demnach eine – sicherlich auch subjektive – Auswahl einiger prägnanter Fahrzeugtypen, ohne die manche Nebenbahn sicherlich schon viel früher stillgelegt worden wäre.

Normalspurfahrzeuge

Baureihe 64

Von den zahlreichen Dampfloks, welche die DB von der Reichsbahn „erbte", ist die Reihe 64 als typische Nebenbahnvertreterin besonders erwähnenswert: Sie stand in der gesamten Bundesrepublik im Nebenbahndienst vor Personen- und Güterzügen im Einsatz. Zwischen 1928 und 1940 wurden 520 Loks dieser Heißdampf-Einheitslok mit drei Treibachsen gebaut, von denen die DB ca. 270 Loks übernahm. 1968 wurden 92 Loks noch zur Baureihe 064 umgezeichnet, bis 1974 konnte die DB jedoch auf die letzten Exemplare verzichten.

In den 70er-Jahren treffen sich Schienenbus 798 und eine 50er in Rennerod (Hessen) (o.); in Vohenstrauß (Oberpfalz) fährt 1973 eine 64er den Güterzug (u.)   D. Beckmann (o.), P. Schricker

Nebenbahn-Fahrzeuge

Baureihe 86

Ähnlich wie die Baureihe 64 entsprang auch die 86 dem Typenprogramm für Einheitsloks der Deutschen Reichsbahn und wurde von 1928 bis 1943 gebaut. Die Deutsche Bundesbahn übernahm 386 Exemplare dieser vierfach gekuppelten Heißdampftenderlok, die wie die 64er auch bundesweit im Einsatz standen. Mit dem Aufkommen der V 100 und dem Ausbreiten der Schienenbusse wurde der Einsatzbestand ab 1965 stark zurückgefahren. Nur noch 38 Loks wurden 1968 in die Baureihe 086 umgezeichnet. Die letzte Lokomotive wurde im Jahr 1974 beim Bw Schwandorf abgestellt.

Klassische Aufgabe für eine 86er: Rangierarbeiten im Nebenbahn-Endbahnhof   G. Turnwald

Baureihe 98[8]

Nicht nur die Einheitsloks der Reichsbahn prägten den DB-Nebenbahnverkehr, auch Länderbahnlokomotiven waren in den 50er- und 60er-Jahren noch an der Tagesordnung. Stellvertretend sei hier die bayerische GtL 4/4 genannt, die zwischen 1911 und 1927 als klassische Lokalbahnmaschine in 117 Exemplaren gebaut wurde. Bei der Reichsbahn und der DB wurde sie als 98[8] eingereiht. Die nur 40 km/h schnellen Loks wurden teilweise umgebaut, zum Beispiel auf die als 98[11] bezeichnete Version für 55 km/h mit vorderer Laufachse. Die Loks 98 812 und 98 886 erlebten 1968 sogar noch die Umzeichnung auf EDV-Nummern. Die 98 886 ist heute als betriebsfähige Museumslokomotive zu sehen.

Nebenbahndampflok bayerischer Herkunft: die GtL 4/4 bzw. 98[8]   Slg. A. Knipping, D. Beckmann (u.)

V 100

Zwischen 1958 und 1966 wurden insgesamt 745 Dieselloks dieser Baureihe in Dienst gestellt. Sie waren im Güter- und Personenverkehr auf nahezu allen Nebenbahnen der DB zu sehen – und nicht selten auch auf Hauptbahnen. Die V 100 wurde in mehreren Varianten gebaut: Mit 1.100-PS- und 1.350-PS-Motor, teils mit Wendezugausrüstung und teils mit Steilstreckenausrüstung. 1968 erhielten die Loks die neuen Baureihenbezeichnungen 211 (1.100 PS), 212 (1.350 PS) und 213 (Steilstrecke). Alle drei Baureihen standen bis zum Ende der Bundesbahnzeit im Einsatz.

Im Mai 1985 setzt die DB noch einen GmP von Krumbach nach Günzburg ein; Zuglok ist eine 211

Eine 216 mit Eilzug 8246 bei Frankenberg, aufgenommen im Mai 1987   D. Beckmann

Im Januar 1988 steht eine Köf III in Burg mit ihrer Wagengruppe bereit   C. Riedel

Hauptbahnen und Nebenbahn-Fahrzeuge

Die hier vorgestellten Fahrzeuge sind im weitesten Sinne Nebenbahnfahrzeuge: Sie zeichnen sich meist durch eine möglichst geringe Achslast aus, um auf dem oftmals leichter ausgeführten Oberbau der niedriger eingestuften Zweigstrecken eingesetzt werden zu können. Das heißt allerdings nicht, dass diese Fahrzeuge ausschließlich hier zu sehen waren. Loks wie die 64 oder die V 100 waren Universalfahrzeuge, die Dank einer höheren Höchstgeschwindigkeit auch im leichten Personenzugdienst auf Hauptstrecken mithalten konnten. So waren und sind die Grenzen fließend.

Eine andere verbreitete Loktype dagegen, die für den schweren Nebenbahndienst konzipiert wurde, avancierte später zu einer (fast) reinen Hauptbahnlok: Die V 160, bei der vielen Anstrengungen zum Trotz die Lok nur mühsam die ursprünglich vorgegebene niedrige Achslast einhielt. Mit dem Einbau stärkerer Motoren verloren die Verantwortlichen dieses Einsatzfeld dann aus den Augen.

Auf Nebenbahnen fand sich auch der Dieseltriebzug der Baureihe 614, der eigentlich für den Bezirksverkehr mit höheren Geschwindigkeiten ausgelegt war. Im Großraum Nürnberg aber kamen die dreiteiligen Garnituren auf vielen Strecken als reine Nebenbahnfahrzeuge zum Einsatz.

Die Kleinloks der Reihe Köf III wurden vorrangig für den Verschubdienst auf größeren Bahnhöfen gebaut, doch waren Streckeneinsätze dieser Loks trotz ihrer geringen Höchstgeschwindigkeit bis in die 1990er-Jahre vor Übergaben in ländlichen Gebieten durchaus an der Tagesordnung.   MALTE WERNING

Köf III

Zwischen 1959 und 1978 wurden insgesamt 563 Stück dieser 240 PS starken Kleinlok beschafft. Eigentlich für den Verschubdienst in Bahnhöfen gedacht, übernahmen sie trotz ihrer mageren Höchstgeschwindigkeit von 45 km/h häufig auch Übergabegüterzüge auf zahlreichen Nebenbahnen. 1968 erhielten die Loks die Baureihenbezeichnungen 331/332 (Maschinen mit Kraftübertragung durch Rollketten) und 333 (Maschinen mit Kraftübertragung durch Gelenkwelle). Ab 1988 wurde ein Teil der 333 durch die Nachrüstung mit Funkfernsteuerung zur Baureihe 335.

Dienst im Altmühltal: VT 70 923 bei Arnsberg, fotografiert im Mai 1960   Krauth/Slg. H. Brinker

VT 70/75

Nach dem Zweiten Weltkrieg übernahm die DB eine ganze Reihe verschiedener zweiachsiger Nebenbahntriebwagen, die aus den 1930er-Jahren stammten. Größere Serien wurden allerdings kriegsbedingt nicht mehr beschafft. Die Fahrzeuge standen bei der DB oft nur wenige Jahre als Einzelgänger im Bestand. Von den als VT 70 eingereihten „rundlichen" zweiachsigen Dieseltriebwagen, die auch heute noch modern wirken, setzte die DB bis ungefähr 1965 immerhin 31 Stück vor allem im süddeutschen Raum ein. Sie wurden von neu gelieferten Schienenbussen abgelöst.

VT 95/98

Insgesamt 924 Exemplare einer neuen Triebwagengeneration – Bei- und Steuerwagen noch nicht einmal dazugerechnet – rollten zwischen 1950 und 1965 für die Deutsche Bundesbahn aus den Werkhallen: Der „Uerdinger Schienenbus" wurde das Standardfahrzeug für den Personenverkehr auf Nebenbahnen zwischen Flensburg und Freilassing schlechthin. Während die einmotorigen Exemplare (VT 95, seit 1968 Baureihe 795) bis 1980 aus dem Verkehr ausschieden, standen die Zweimotorer (VT 98, Baureihe 798) noch bis in das Jahr 1995 bei der Deutschen Bahn im täglichen Einsatz. Eine interessante Variante waren die Zahnrad-Wagen der Reihe VT 97. Viele „Uerdinger" kann man heute noch auf Museumsbahnen erleben.

Nebenbahn-Fahrzeuge

ETA 150

Der Tradition der preußischen Akkutriebwagen folgend, stellte die DB ab 1954 insgesamt 232 Triebwagen der Reihe ETA 150 in Dienst. Im Gegensatz zu dem zuvor in nur acht Exemplaren gebauten ETA 176 war das Einsatzgebiet dieser Fahrzeuge deutlich stärker auf Nebenbahnen in Ballungsgebieten ausgelegt. Anders als bei den Schienenbussen VT 95/98 wurde nun auch die 1. Wagenklasse angeboten, gleichzeitig war das Sitzplatzangebot deutlich größer. Wie die 212 und der 798 fuhr der seit 1968 als 515 bezeichnete Akkutriebwagen noch über die Bundesbahn-Ära hinaus.

Im Februar 1985 wartet 515 542 in Bad Lauterberg auf die Rückfahrt nach Herzberg P. Kusterer

Donnerbüchse

Diesen wenig respektvoll klingenden Namen gaben die Reisenden den erstmalig ab 1921 gebauten zweiachsigen Personenwagen nach einheitlichem Grundriss. Sie sollten die immense Menge an Varianten ablösen, die bei der Übernahme der Länderbahnen 1920 in den Bestand der Reichsbahn gelangt waren. Einen großen Fortschritt stellten die Bühnen an den Wagenenden mit Übergangsmöglichkeiten für Schaffner dar. In den Bestand der DB kamen zahlreiche dieser Wagen, die bis in die frühen 70er-Jahre auf mancher Nebenbahn im Einsatz erlebt werden konnten. Viele Wagen dienten bis in die 80er-Jahre noch als Bahnhofs- oder Bauzugwagen.

Typisch für die oberfränkische Nebenbahn Falls – Gefrees: 260 und „Donnerbüchse" (April 1973)

3yg

Die dreiachsigen Umbauwagen sollen an dieser Stelle für das groß angelegte Umbauprogrammn der DB stehen: Anfang der 50er-Jahre befanden sich noch zahlreiche Wagen aus der Länderbahnzeit im DB-Bestand, die dringend ersetzt werden mussten. Neubauten schieden aus, weswegen vor allem das Ausbesserungswerk (Aw) Limburg in großen Stückzahlen altgediente dreiachsige Fahrgestelle aufbaute und mit neuen, vereinheitlichten Wagenkästen versah. Je zwei Dreiachser wurden zu einem Pärchen gekuppelt. Die Umbauwagen prägten das Bild der DB bis Ende der 80er-Jahre. Sie schieden aus, nachdem sich der Einbau einer automatischen Türschließvorrichtung als zu aufwendig herausstellte.

Eine 50er mit Dreiachser-Umbauwagen in Arolsen (August 1970) A. Schöppner (o.), J. A. Bock

Hintergrund

V 29 951 auf der Pfalzbahn in Mundenheim, März 1953   C. Bellingrodt/Slg. H. Brinker

Schmalspurfahrzeuge

V 29

Neue Dieselloks beschaffte die DB nicht nur für ihre Normalspurstrecken, auch auf den betrieblich isolierten Schmalspurbahnen war eine moderne Ablösung der Dampfloks bitter nötig. 1952 wurden drei meterspurige Loks als Baureihe V 29 in Dienst gestellt. Eigentlich für die Strecke Meckenheim – Mundenheim bestellt, kamen sie später auch auf der Walhallabahn Regensburg – Wörth und auf der Strecke Nagold – Altensteig zum Einsatz. Die zweimotorigen Drehgestellloks besaßen eine beachtliche Zugkraft. Zwei der Loks wurden 1969 verschrottet, die dritte kann heute als betriebsfähige Museumslok beim Deutschen Eisenbahn-Verein in Bruchhausen-Vilsen erlebt werden.

Die technischen Daten im Überblick

Baureihe	64	86	98⁸	V 100	Köf III	VT 70/75	VT 95/98	ETA 150	V 29	V 51/52
Baujahre	1928-1940	1928-1943	1911-1927	1958-1966	1959-1978	1932-1938	1950-1965	1954-1965	1952	1964
Bauart	1'C1'h2t	1'D1'h2t	Dh2t	B'B'-dh	B-dh	A1-dm/de/dh	A1-dm	Bo' 2'-ea	B'B'-dm	B' B'-dh
LüP/LüK (mm)	12.400	13.920	10.200	12.100-12.300	7.830	12.095-12.200	13.265-13.950	23.400	9.140	9.780
Leistung (PS)	950	1.030	450	1.100/1.350	240	135	150/300	ca. 250	290	540
V_{max} (km/h)	90	80	40/55	100	45	70/75	90	100	40	40

Neubauwagen Schmalspur

Neubauwagen für Schmalspurbahnen beschaffte die DB nur in zwei Fällen: 1964 für die Meterspurstrecke Mosbach – Mudau, wobei das Land Baden-Württemberg die Beschaffung der Wagen finanziell förderte. Im anderen Fall 1992 für die Wangerooger Inselbahn, wo eben jene Mosbacher Wagen seit 1971 im Einsatz standen und abgelöst werden mussten.

Die Mosbacher Wagen wurden in fünf Exemplaren gebaut und ähnelten den Umbauwagen der DB. Immerhin drei von ihnen blieben bei Museumsbahnen erhalten. Die Wangerooger Neubauwagen hingegen wurden direkt in 14 Exemplaren aufgelegt: Dabei handelte es sich um eine Variante der Harzquerbahnwagen der DDR-Reichsbahn, diese nach dem Fall der Mauer im Raw Wittenberg bauen ließ. Alle Wagen sind noch im Einsatz.

TEXTE/TABELLE: MALTE WERNING

Auf Schiene und Straße

Ein ganz ungewöhnliches Konzept der 50er-Jahre darf hier nicht fehlen, auch wenn dieses Fahrzeug sicherlich nicht typisch für Nebenbahnen war: Der Schiene-Straße-Bus war ein Zweiwegefahrzeug, das sich im Straßenraum als „normaler" Omnibus bewegen konnte, Teilabschnitte jedoch mit Hilfe eines eigens gefertigten „Spurwagens" auf Eisenbahngleisen zurücklegen konnte. Die Verantwortlichen waren begeistert von der Flexibilität, die dieses Einsatzkonzept versprach, und beschafften 15 Busse. 1953 wurden die ersten drei Busse zwischen Passau und dem 140 Kilometer entfernten Cham eingesetzt, wobei ungefähr die Hälfte der Wegstrecke auf Schienen zurückgelegt wurde. 1954 folgten die Verbindungen Augsburg – Füssen und Koblenz – Betzdorf. Letztgenannte Linie war die erfolgreichste der Einsatzstrecken, jedoch litten sie alle unter dem hohen betrieblichen Aufwand. Daher erlebte das Angebot in den meisten Fällen nur eine Fahrplanperiode und verschwand dann wieder sang- und klanglos aus den Kursbüchern. Am 27. Mai 1967 fuhr der „Schi-Stra-Bus" das letzte Mal. Ein Exemplar ist betriebsfähig im Eisenbahnmuseum Bochum-Dahlhausen zu besichtigen.

MALTE WERNING

Eine Vorführung des Busses auf der Linie Lindau – München Slg. B. Rampp

V 51 / V 52

Weitere repräsentative Schmalspurdieselloks der DB sind die fünf Maschinen, die als Baureihe V 51 (für 750 Millimeter Spurweite) und V 52 (für 1.000 Millimeter Spurweite) 1964 für die baden-württembergischen Schmalspurbahnen entstanden. Das Land beteiligte sich an der Finanzierung der Lok, die äußerlich einer „zu heiß gewaschenen V 100" ähneln. Die fünf Loks konnten allerdings die Strecken, für die sie bestimmt waren, kaum retten: Lediglich 251 902 und 251 903 waren noch bis 1983 auf der Strecke Warthausen – Ochsenhausen im Einsatz. Heute verkehrt V 51 901 bei der Rügenschen Kleinbahn (Bild: V 52 901 in Mudau; T. Horn).

Die andere Seite der Stilllegungen: Viele Strecken sahen kaum Fahrgäste; erst die Ankündigung des Betriebsendes füllte die Züge. Im September 1981 streicht die DB die Verbindung Lemgo – Hameln M. Weltner

In den 80er-Jahren verliert die Eifel nach und nach ihre Nebenstrecken. Zur Stilllegung der Strecke Daun – Wittlich am 31. Oktober 1981 protestieren Eisenbahnfans in Trauerkleidung U. Kandler

■ Abschiedsfahrten auf Nebenstrecken
Der letzte Zug

Je mehr Nebenbahnen den Personenverkehr verloren, desto wehmütiger verabschiedeten Anrainer, Eisenbahner und Eisenbahnfans die Züge. Ab den 70er-Jahren regte sich auch zunehmend Kritik

Ankündigung im Bahnhof Mommenheim, Mai 1985. Immer wieder bemängelten Eisenbahnfreunde und Verbände, dass über Stilllegungen in Frankfurt entschieden wurde, soll heißen, ohne regionalen Bezug J. Seyferth

Ein Transparent auf der 64 335 macht klar: Am 25. Mai 1968 ist das Ende der Spessartstrecke Obernburg-Elsenfeld – Heimbuchenthal gekommen (Aufnahme im Haltepunkt Winterbach) T. Horn

Impressionen

Nebenbahn-Atmosphäre zwischen 1949 und 1969
Landpartien und manches mehr

Vielfältig und ein wenig verträumt – so wirkt heute der Zugverkehr der ersten beiden DB-Jahrzehnte. Dabei veränderte das Wirtschaftswunder das Leben an den Nebenstrecken. Oft bekamen sie moderne Fahrzeuge, aber immer starke Konkurrenz: den Straßenverkehr

Zwischen 1949 und 1969

Rationalisierung von den Alpen bis zur Nordsee repräsentiert der Schienenbus-Beiwagen VB 140 703, aufgenommen in Pfronten-Ried im April 1951. Viele Nebenbahnen entkommen damit fürs Erste der Stilllegung Slg. B. Rampp

Heute wäre er eine Freude, Anfang der 60er-Jahre galt er als notgedrungener Alltag: der Nebenbahnzug mit der Länderbahnlok 70 025, Personen- und Güterwagen (Strecke Eggmühl – Langquaid). Für die Zeitgenossen waren Automobile wie der VW Käfer, die BMW Isetta oder ein Borgward viel interessanter P. Kristl/Slg. T. Wunschel

Eine Kreuzung mit einem Personenzug muss die Schmalspur-Diesellok 251 903 am Silvestertag 1968 in Großbottwar nicht abwarten. Aus Kostengründen hat die DB den Personenverkehr Heilbronn Süd – Marbach 1966 auf die Straße verlagert. Einige Monate nach dieser Aufnahme wird der Güterverkehr dem Beispiel folgen T. Horn

Impressionen

Letzte Einsatztage für die Dampflok 99 7203 der Schmalspurbahn Mosbach – Mudau: Als sie im September 1964 im Bahnhof Krumbach Wasser nimmt, steht die Ablösung bereits an. Bald fährt hier die Diesellokreihe V 52   T. Horn

Zwischen 1949 und 1969

Im Mai 1950 lagen automobile Zeiten für viele noch in weiter Ferne; Zugfahren hieß die Devise. Auf der Strecke Wuppertal-Elberfeld – Cronenberg setzte die DB eine Diesellok V 36 mit einem Triebwagen-Beiwagen VS 145 ein; hier in Boltenberg mit seiner ansehnlichen Wirtschaft
C. Bellingrodt/Slg. H. Brinker

Für den Steilstreckenabschnitt Schönmünzach – Freudenstadt bot die DB unter anderem eine Neubau-Dampflok auf: die 82 mit Gegendruckbremse. Im Mai 1966 wartet 82 041 mit Personenzug 3926 in Schönmünzach T. Horn

Impressionen

Letzte Zuflucht Walhallabahn: Zwischen Regensburg und Wörth hatte V 29 951 in den 60er-Jahren noch im Güterverkehr ihr Auskommen. Nachdem die Bundesbahn diesen 1968 beendete, gab es auch für die rote Diesellok keine Rettung. Sie wurde 1969 verschrottet
P. Kristl/Slg. T. Wunschel

Spätsommer in der Oberpfalz: Im September 1954 rollt eine 98^8 mit ihrem Güterzug von Cham Richtung Miltach. Die weit geschwungene Linienführung wurde vielen Strecken ab den 50er-Jahren zum Verhängnis; die neu gebauten Straßen verbanden die Ortschaften auf direktem Weg und somit viel schneller
G. Turnwald

Willkommen in Oberbayern: Im Mai 1960 bedient ein Triebwagen ET 85 die Strecke Murnau – Oberammergau. Der Alltagsreiseverkehr wie auch der Tourismus sorgen für guten Zulauf zu den Zügen
Slg. B. Rampp

Zwischen 1949 und 1969

Strecken und Betrieb

■ Die 750- und 1.000-Millimeter-Strecken der DB

Schmalspurige Bundesbahn

Elf Schmalspurbahnen mit 233 Kilometern Länge nannte die DB ihr Eigen. Hohe Kosten, die Konkurrenz des Straßenverkehrs und ein knappes Budget bereiteten fast allen Strecken das Ende

oben Schmalspurbahn in Baden: 99 7202 mit Personen- und Güterwagen in Mosbach (September 1961) Slg. H. Brinker

Neben einem engmaschigen Netz an regelspurigen Haupt- und Nebenbahnen übernahm die Deutsche Bundesbahn im Jahre 1949 von ihrer Vorgängerin, der Deutschen Reichsbahn, auch 233 Kilometer Schmalspurbahnen. Das Gros der Strecken lag im Gebiet des 1952 gegründeten Bundeslands Baden-Württemberg, aber auch in Rheinland-Pfalz, in Bayern und auf der niedersächsischen Nordseeinsel Wangerooge konnte man in schmalspurigen DB-Reisezügen unterwegs sein (s. Kasten S. 55). Das Verhältnis der Strecken mit 750-Millimeter- und 1.000-Millimeter-Spur hielt sich ungefähr in der Waage; allen Bahnen gemeinsam war die Ausstattung mit weitgehend überaltertem Lokomotiv- und Wagenmaterial. Nicht weniger als 42 Dampflokomotiven, die 16 verschiedenen Unterbauarten der Baureihe 99 angehörten, und sechs Triebwagen der Baureihen ET 196 und ET 197 standen als Triebfahrzeuge zur Verfügung. Der Wagenpark stammte teilweise noch aus der Zeit der Jahrhundertwende. Schon die Reichsbahn hatte nicht viel in ihre Schmalspurbahnen investiert, die einzigen modernen Lokomotiven waren in Sachsen verblieben. Nur zwischen Nagold und Altensteig rollten ein paar an die regelspurigen Eilzugwagen erinnernde Schmalspur-Reisezugwagen aus den 30er-Jahren.

Neue Fahrzeuge ...

Auch die Investitionen der DB in ihre Schmalspurbahnen hielten sich in Grenzen, wenngleich über Stilllegungen zunächst noch nicht gesprochen wurde. Für die Modernisierung des Verkehrs auf den beiden pfälzischen Strecken be-

Schmalspurige Nebenbahnen

Schmalspurbahn in Württemberg: Im März 1966 kommt 99 651 auf der Bottwartalbahn zum Einsatz. Hier hat sie den P 1653 von Beilstein nach Marbach gebracht   T. Horn

schaffte die Bundesbahn 1952 drei Gelenk-Diesellokomotiven der Baureihe V 29. Sie konnten den Niedergang dieser Bahnlinien aber nicht verhindern. Nachdem Mitte der 50er-Jahre der Zugverkehr dort eingestellt wurde, kamen die Fahrzeuge auf anderen DB-Meterspurstrecken zum Einsatz. Die baden-württembergischen Strecken wurden noch in den 60er-Jahren teilweise mit modernen Traktionsmitteln ausgestattet. Mit reichlich Fördergeldern des Landes Baden-Württemberg ließ die DB bei Gmeinder in Mosbach zwei meterspurige Dieselloks der Baureihe V 52 und drei ansonsten baugleiche 750-Millimeter-Maschinen der Baureihe V 51 bauen. Ein Sonderling unter den DB-Schmalspurbahnen war die Straßenbahn von Ravensburg nach Baienfurt; für diese Strecke beschaffte die DB 1954 bei der Firma DUEWAG zwei vierachsige Großraum-Triebwagen, welche als ET 195 001 und 002 ins DB-Nummernschema eingereiht wurden. Ein Inselbetrieb im wahrsten Sinne des Wortes war (und ist noch immer) die meterspurige Wangerooger Inselbahn, die zwischen 1952 und 1959 mit drei Kleinloks der Leistungsklasse Köf modernisiert wurde. Hinzu kam hier noch der Gelegenheitskauf einer weiteren Kleinlok von der Inselbahn Juist im Jahre 1971.

Auch ein paar neue Wagen wurden beschafft, wiederum mit finanzieller Unterstützung des Landes Baden-Württemberg. Die Strecke Mosbach – Mudau erhielt 1964 vier moderne Sitzwagen und einen dazu passenden Halbgepäckwagen; zahlreiche Teile des Umbauwagen-Programms fanden Verwendung, man blieb aber bei offenen Einstiegsplattformen. Noch moderner sah das Einzelstück für die 750-Millimeter-Spur aus, das schon 1961 im AW Limburg gebaut worden war: Mit seinen geschlossenen Plattformen nend den Gummiwulst-Übergängen an den Wagenenden wirkte das Unikat wie ein zünftiger

Strecken und Betrieb

Kräftige Fünfkuppler fuhren in den letzten Jahren auf der Zabergäubahn: Im Juli 1963 wartet 99 704 in Lauffen mit einem Zug nach Leonbronn   T. Horn

Schmalspur-Schnellzugwagen. Wangerooge hatte bereits 1959 sechs neue Reisezugwagen erhalten, die sich ebenso stark an das Umbauwagen-Programm anlehnten. Neue Güterwagen wurden nicht beschafft, sieht man vom Neubau einer Reihe von Rollböcken zur Aufnahme normalspuriger Güterwagen ab.

Doch diese letztlich halbherzigen Modernisierungen konnten den Fortbestand der Strecken nicht sichern. Konkurrenz durch den aufkommenden Straßenverkehr, manchmal aber auch ungünstige Linienführung oder missliebige Politik der DB oder seitens der Kommunen machten den Schmalspurbahnen den Garaus. Das Prozedere war fast überall gleich: Zug um Zug wurde aus dem Fahrplan gestrichen und durch Buskurse ersetzt, einige Zeit blieb noch der Schüler- und Berufsverkehr auf der Schiene, bis auch hier der Bus die Oberhand gewann. Manchmal rollten Güterzüge noch ein paar Jahre über die mehr und mehr zuwachsenden Strecken, bis die endgültige Stilllegung und der Streckenabbau erfolgten. Letzte DB-Schmalspurbahn auf dem Festland war das „Öchsle" zwischen Warthausen und Ochsenhausen, bei dem schließlich 1983 der letzte Güterzug verkehrte. Immerhin blieb die Strecke als Museumsbahn erhalten. Noch heute tagtäglich befahren wird die Wangerooger Inselbahn – sie ist konkurrenzlos, denn für die Strecke vom Schiffsanleger in den Ort gibt es keine Alternative, weder eine Straße noch einen Fußweg.

Die Strecken

Ludwigshafen-Mundenheim – Meckenheim
Speyer – Neustadt (Haardt)

Mit den Strecken vom Ludwigshafener Vorort Mundenheim nach Meckenheim und dem „Pfefferminzbähnel" von Speyer nach Neustadt schafften es zwei Meterspurstrecken des Pfälzer Schmalspurnetzes zur DB. Der 1949 noch rege Personenverkehr war auf Schüler und die arbeitende Bevölkerung ausgerichtet. Er wurde von betagten Lokomotiven abgewickelt, die aus Preußen, Bayern, der Pfalz sowie von den Heeresfeldbahnen stammten; sie schleppten jeweils uralte zweiachsige Personenwagen durch die Lande. Rationalisiert wurde der Betrieb ab 1952 mit den neuen V 29. Doch wenige Jahre später war Schluss: Am 2. Oktober 1955 verließ der letzte Zug Meckenheim, am 2. Juni 1956 endete der Betrieb zwischen Speyer und Neustadt.

Ravensburg – Baienfurt

Die 1887 eröffnete und 1911 elektrifizierte Meterspur-Lokalbahn war die einzige Straßenbahnstrecke der DB. Betagte Elektro-Triebwagen wickelten einen überaus umfangreichen Pendelverkehr zwischen den Städten ab – bereits 1949 gab es halbstündlichen Taktverkehr von frühmorgens bis spät in die Nacht hinein. Die 1954 bei DUEWAG beschafften Großraum-Triebwagen sollten den Fortbestand der Strecke sichern, doch der Stadt Ravensburg war die Straßenbahn wegen geplanter Straßenausbauten ein Dorn im Auge. Trotz bester Fahrgastzahlen und dem Wunsch der DB, die Bahn weiter zu betreiben, erfolgte 1959 die Stilllegung.

Bad Schussenried – Buchau – Riedlingen

Diese in Teilstücken zwischen 1896 und 1916 eröffnete 750-Millimeter-Bahn zählte schon zu Reichsbahnzeiten zu den Sorgenkindern der Verantwortlichen: Die prognostizierten Fahrgastzahlen und Gütermengen wurden nie erreicht. So wurde die Strecke, auf der immer nur Dampflokomotiven vornehmlich württembergischer Bauart zum Einsatz kamen, bereits recht früh stillgelegt. Mit

Zwischen Ludwigshafen und Meckenheim löste die V 29 (l.) Dampfloks wie 99 101 ab. Schon 1955 endete der Betrieb   Slg. H. Brinker

Als Straßenbahn fuhren die Züge zwischen Ravensburg und Baienfurt, hier mit altem und neuem Triebwagen   Slg. B. Rampp

Schmalspurige Nebenbahnen

Ablauf des Sommerfahrplans 1960 stellte die DB den Gesamtverkehr auf dem Abschnitt Kappel (bei Buchau) – Riedlingen ein. 1964 endete der Personenverkehr auf der Reststrecke, und im Mai 1969 rollten die letzten Güterzüge an der Reichsabtei Schussenried vorbei. Heute erinnert nur noch die als Denkmal in Buchau aufgestellte 99 637 an die Schmalspurbahn durchs Kanzachtal.

Biberach – Warthausen – Ochsenhausen

Als sehr zählebig erwies sich die als „Öchsle" bekannte 750-Millimeter-Bahn, die zwischen 1899 und 1900 in Betrieb genommen wurde. Zwischen Biberach und Warthausen verlief die Schmalspurbahn parallel zur Hauptbahn Ulm – Friedrichshafen, in Warthausen wurde diese Strecke schienengleich gekreuzt. Der nach dem Zweiten Weltkrieg stark aufkommende Personen- und Güterverkehr normalisierte sich schnell, und die kurven- und steigungsreiche Trassenführung nach Ochsenhausen wurde schon bald dem Personenverkehr zum Verhängnis. Der auf direktem Wege verkehrende Bahnbus nahm der Bahn die Durchgangsreisenden weg, sodass im Jahre 1964 nur noch ein Personenzugpaar auf der Strecke verblieb, das am 31. Mai 1964 schließlich eingestellt wurde. Gleichzeitig wurde das Teilstück Warthausen – Biberach stillgelegt und abgebrochen. Besser sah es hingegen im Güterverkehr aus, der sich noch knapp 20 Jahre halten sollte: 1953 hatte die Firma Liebherr in Ochsenhausen die Produktion von Kühlschränken aufgenommen, die dort in regelspurige Güterwagen verladen wurden. Diese Güterwagen transportierte man mittels Rollbock nach Warthausen, wo sie auf die Normalspurstrecke übergingen. Anfang der 80er-Jahre erhielten die beiden Dieselloks der Baureihe 251 noch eine Hauptuntersuchung, doch die Strecke war nach Angaben der DB so sanierungsbedürftig, dass sie nur mit unverhältnismäßig hohem Kostenaufwand saniert werden könne ... So rollte 1983 der letzte Güterzug über das „Öchsle" – heute herrscht hier wieder (Museums-)Personenverkehr: Mit geringen Mitteln wurde die Strecke hierfür „auf Vordermann" gebracht.

Heilbronn Süd – Marbach

Die als Bottwartalbahn bekannte Strecke war stets eine florierende Schmalspurbahn. Im Gegensatz zu den meisten anderen Strecken war sie keine Stichbahn, sondern eine Verbindungsbahn mit Normalspuranschluss an beiden End-

DB-Schmalspurbahnen im Überblick

Bis auf die Meterspurstrecke vom heutigen Anleger bis zum Bahnhof Wangerooge sind alle DB-Schmalspurbahnen stillgelegt. Die Tabelle gibt einen Überblick über die wichtigsten Daten:

KBS (1949)	Strecke	Länge (km)	Traktion	Spurw. (mm)	Stilllegung PV	GV
279 b	Ludwigshafen-Mundenh. – Meckenheim	14,5	D, V	1.000	1955	1955
282 k	Neustadt (Haardt) – Speyer	29,1	D, V	1.000	1956	1956
306 k	Ravensburg – Baienfurt	6,5	E	1.000	1959	1959
306 e	Kappel – Riedlingen	19,8	D	750	1960	1960
306 e	Kappel – Bad Schussenried	9,5	D	750	1964	1969
306 d	Biberach – Warthausen	3,2	D	750	1964	1964
306 d	Warthausen – Ochsenhausen	19,0	D, V	750	1964	1983
323 d	Heilbronn Süd – Marbach	34,2	D, V	750	1966	1969
322 b	Lauffen (Neckar) – Leonbronn	20,3	D	750	1964	1964
302 n	Nagold – Altensteig	15,4	D, V	1.000	1962	1967
321 g	Mosbach – Mudau	28,1	D, V	1.000	1973	1973
424 f	Regensburg-Reinhausen – Wörth (Donau)	22,0	D, V	1.000	1960	1968
1000 n	Wangerooge – Ostanleger	5,4	D, V	1.000	1960	1960

KBS = Kursbuchstreckennummer; PV = Personenverkehr, GV = Güterverkehr, zugleich Gesamtverkehr; D = Dampftraktion, V = Dieseltraktion, E = elektrische Traktion

Um die Linie Neckarelz – Würzburg (u.) zu elektrifizieren, hätte man 1973 die Brücke der Strecke Mosbach – Mudau erhöhen müssen. Doch die DB scheute die Kosten und legte die Schmalspurbahn kurzerhand still T. Horn

Strecken und Betrieb

bahnhöfen. Zudem war sie die erste 750-Millimeter-Strecke in Württemberg, zwischen 1891 und 1900 konnte der Betrieb auf den verschiedenen Teilstücken aufgenommen werden. Von Talheim bis Heilbronn Süd war die Strecke auf rund 10 Kilometer Länge dreischienig ausgeführt, das Normalspurgleis führte anschließend weiter zum Heilbronner Hauptbahnhof. Betriebsmittelpunkt war der Bahnhof Beilstein mit Bahnbetriebswerk und umfangreichen Abstellgleisen. Nach Stilllegung des Personenverkehrs auf den anderen baden-württembergischen Schmalspurbahnen wurde deren Personenwagenpark in Beilstein zusammengezogen und zum großen Teil dort verschrottet. 1966 endete auch im Bottwartal die Ära des Personenverkehrs, und 1969 fuhren die letzten Rübenzüge auf der Strecke. Neben einer Diesellok der Baureihe 251 wurden bis zur Betriebseinstellung Dampflokomotiven – zuletzt als 099 beschildert! – auf der Bottwartalbahn eingesetzt.

Lauffen (Neckar) – Leonbronn

Auch das Zabergäu hatte seine Schmalspurbahn: Die am 27. August 1895 eröffnete Strecke von Lauffen nach Güglingen, die wenig später bis Leonbronn verlängert wurde; hier fuhr 1901 der erste Zug. Das Kursbuch von 1949 zeigt noch sehr regen Personenverkehr, doch schon 1954 hatte man sich auf Zugleistungen am Morgen und am Abend konzentriert, ausgerichtet auf den Berufsverkehr. Der Güterverkehr konnte zwischen 1954 und 1964 sogar verdoppelt werden, sodass die DB die Strecke nicht stilllegte, sondern auf Normalspur umbauen ließ. Dies war auch ein Erfolg der eifrig um ihre Bahn kämpfenden Anlieger und Güterkunden. So verkehrte am 3. Mai 1964 der schmalspurige Abschiedszug, am 27. September 1964 wurde der Regelspurbetrieb aufgenommen, der mittlerweile aber auch schon wieder Geschichte ist. Auf der Zabergäubahn kamen während der Schmalspurära ausschließlich Dampfloks zum Einsatz: In den letzten Betriebsjahren dominierten kräftige Fünfkuppler, Nachbauten der sächsischen VI K (Baureihe 99^{67}).

Personenzugverkehr im Sommerfahrplan 1949

KBS (1949)	Strecke	Zugpaare werktags	sonn-/feiertags
279 b	Ludwigshafen-Mundenh. – Meckenheim	8 (Sa: 7)	5
282 k	Neustadt (Haardt) – Speyer	5,5[1]	4
302 n	Nagold – Altensteig	4,5[2]	0,5[2]
306 d	Biberach – Ochsenhausen	2,5[3]	0
306 e	Schussenried – Riedlingen	3,5[4]	1,5[4]
306 k	Ravensburg – Baienfurt	31[5]	33,5[5]
321 g	Mosbach – Mudau	4	2
322 b	Lauffen (Neckar) – Leonbronn	4[6]	2,5[6]
323 d	Heilbronn Süd – Marbach	3,5[7]	2,5[7]
424 f	Regensburg-Reinhausen – Wörth (Donau)	4,5[8]	4,5[8]
1000 n	Wangerooge – Ostanleger	o. A.	o. A.

Angegeben sind jeweils Zugpaare, welche die Gesamtstrecke befahren.
Weitere Anmerkungen:
[1]: 5 Züge von, 6 Züge nach Speyer; weitere Züge auf Teilstrecken
[2]: Mo-Sa 4 Züge von, 5 Züge nach Nagold; sonn-/feiertags kein Zug von, 1 Zug nach Nagold;
[3]: 2 Züge von, 3 Züge nach Biberach; weitere Züge auf Teilstrecken
[4]: werktags 4 Züge von, 3 Züge nach Schussenried; sonn-/feiertags 2 Züge von, 1 Zug nach Schussenried; weitere Züge auf Teilstrecken
[5]: werktags 30 Züge von, 32 Züge nach Ravensburg; sonn-/feiertags 35 Züge von, 32 Züge nach Ravensburg (tagsüber weitgehend im Halbstundentakt); z.T. weitere Züge auf Teilstrecken
[6]: Mo-Fr 3, Sa 4 Züge von Lauffen; Mo-Sa 5 Züge nach Lauffen; sonn-/feiertags 2 Züge von, 3 nach Lauffen; weitere Züge auf Teilstrecken
[7]: werktags 3 Züge von, 4 Züge nach Heilbronn Süd; sonn-/feiertags 2 Züge von, 3 nach Heilbronn Süd; weitere Züge auf Teilstrecken
[8]: jeweils 5 Züge von, 4 Züge nach Regensburg; ein weiterer Zug auf Teilstrecke

Nagold – Altensteig

Meterspurig war die am Rande des Schwarzwalds liegende Strecke von Nagold nach Altensteig ausgeführt. Sie verlief zum größten Teil in Randlage einer Straße und wurde 1891 in Betrieb genommen. Der zunehmende Individualverkehr sorgte zu DB-Zeiten dafür, dass die eingesetzten 99er und V 29 mit Warnbaken ausgestattet werden mussten, um sie für die Fahrer von Autos, Motorrollern und Lkw besser bemerkbar zu machen. Am 30. September 1962 verkehrte der letzte Personenzug, und am 22. Mai 1967 ereilte den Güterverkehr das gleiche Schicksal, allen Protesten der verladenden Wirtschaft zum Trotz. Die Strecke, die auch gerne von der deutschen Lokindustrie für Probefahrten meterspuriger Exportfahrzeuge genutzt wurde, verschwand schnellstens zugunsten der Verbreiterung der parallelen Bundesstraße. Heute erinnern noch einige privat genutzte Bahnhofsgebäude an das „Altensteigerle".

Mosbach – Mudau

Die einstmals private Meterspurstrecke vom badischen Mosbach nach Mudau war die Schmalspurbahn, in welche die

Im April 1964 bespannt 99 633 einen Sonderzug auf der Strecke Schussenried – Buchau. Im Endbahnhof begegnet sie 99 637 H. Stemmler

Zwischen Nagold und Altensteig fuhren die Loks mit Warnbake, um den Straßenverkehr auf Abstand zu halten (Altensteig, März 1967)   T. Horn

DB das meiste Geld investierte. 1964 endete mit Inbetriebnahme der beiden Dieselloks V 52 901 und 902 der Dampfbetrieb, und im gleichen Jahr wurden fünf nagelneue, moderne Reisezugwagen – erbaut im AW Neuaubing – in Dienst gestellt, die alle „Oldtimer" ersetzten. Dennoch wurde der Personenverkehr im Lauf der Jahre immer weiter ausgedünnt, schon Ende der 60er-Jahre gab es nur noch ein Reisezugpaar: Morgens von Mudau nach Mosbach und am Abend zurück, daneben verkehrte ein Güterzugpaar über die Gesamtstrecke und eines nach Krumbach. Doch auch dieser modernisierten und durchrationalisierten Strecke konnte sich die DB entledigen. Die Elektrifizierung der Strecke Neckarelz – Osterburken – Würzburg hätte eine Anhebung der Brücke der Schmalspurbahn unweit von Mosbach bedingt; diese Kosten wollte die DB aber nicht mehr tragen und legte die Strecke mit Ablauf des Sommerfahrplans 1973 trotz aller Proteste still. Die Loks konnten verkauft werden, die Reisezugwagen fanden auf Wangerooge eine neue Heimat.

Regensburg – Wörth (Donau)
Die Walhallabahn war die einzige bayerische Schmalspurstrecke, die noch zur DB kam. Zwischen 1889 und 1903 wurden die Meterspurgleise verlegt, die ursprünglich aus der Regensburger Innenstadt bis Wörth an der Donau führten. Nach einem 1933 erfolgten Rückbau begannen die Züge in Regensburg-Reinhausen. Dem Verkehrsrückgang in den 50er-Jahren konnte die DB auch nicht mit dem Einsatz von zwei

Eine Kühlschrankfabrik machte es möglich: Bis 1983 verkehrten zwischen Warthausen und Ochsenhausen Güterzüge   M. Weltner

Die einzige DB-Schmalspurstrecke in Bayern war die meterspurige Walhallabahn von Regensburg nach Wörth   G. Turnwald

Technik und Betrieb

Als 99 651 am 9. Mai 1964 in Biberach Wasser nimmt, ist sie die Attraktion. Kein Wunder: Der Personenzugverkehr endet bald darauf T. Horn

V 29 begegnen, die nach Stilllegung der letzten Pfälzer Strecken nach Bayern umstationiert wurden. Auch hier fuhr zuletzt nur noch ein Reisezugpaar täglich an der monumentalen Walhalla vorbei, bestehend aus einer V 29 und kleinen, zweiachsigen Lokalbahnwagen. Doch damit war am 1. Oktober 1960 Schluss. Am 31. Dezember 1968 fuhr auf der Walhallabahn der letzte Güterzug, gezogen ebenso von einer V 29, die sich noch mit der neuen Computernummer 299 schmücken durfte …

Inselbahn Wangerooge

1897 verkehrte auf Wangerooge der erste Dampfzug auf meterspurigen Gleisen. Als die DB die Inselbahn übernahm, waren sowohl der West- als auch der Ostanleger noch per Bahn zu erreichen, der Wangerooger Bahnhof diente sozusagen als Durchgangsbahnhof. Die immer stärkere Versandung des östlichen Anlegers sorgte Ende der 50er-Jahre für seine Stilllegung, auch die teilweise auf Pfahljochen geführte Strecke dorthin wurde abgebaut – seitdem ist der Wangerooger Bahnhof ein Kopfbahnhof. 1952 begann die Modernisierung des Rollmaterials mit der Anlieferung der ersten Diesellok, die zunächst als V 11 901 bezeichnet wurde, wenig später aber nur noch „Kleinlok-Status" genoss und zur Köf 99501 mutierte. Weitere Dieselloks folgten, 1968 allesamt als Baureihe 329 bezeichnet. Im gleichen Jahr wurde mit 99 211 die letzte Wangerooger Dampflok als Denkmal am Leuchtturm unweit des Bahnhofes aufgestellt. Auch der Park der Reisezugwagen wurde 1959 mit sechs Neubauwagen aus dem AW Limburg aufgefrischt, schließlich kamen auch die Mosbacher Neubauwagen nach Wangerooge. Mit dem Kauf weiterer Fahrzeuge, u.a. von anderen Inselbahnen, wurde der Fahrzeugpark bis zur Gründung der Deutschen Bahn AG 1994 ständig erweitert. Als einzige DB-Schmalspurbahn ging die Wangerooger Inselbahn zur DB AG über. Sie wird heute noch rege genutzt. Der Fahrplan ist tideabhängig, das heißt, auf die Schiffsfahrzeiten bei Ebbe und Flut ausgerichtet. Auch der Güterverkehr auf Wangerooge war und ist beachtlich.

Zuerst fuhr die Neubau-Diesellok V 29 952 in der Pfalz. Anschließend kam sie zur Strecke Nagold – Altensteig, wo dieses Bild entstand Friedhelm Ernst

MARTIN WELTNER

Wanerooge

Bahnbetrieb auf Wangerooge
Durch das Watt

Betrieb der frühen Bundesbahnjahre: Ein Dampfzug nimmt am Anleger die Fahrgäste in Empfang   Slg. H. Brinker

Unter den DB-Schmalspurbahnen war die Meterspurstrecke auf Wangerooge etwas Besonderes: Sie fuhr konkurrenzlos auf einer Nordseeinsel und blieb als einzige erhalten

Ein Kleinod im westdeutschen Nebenbahnnetz befand sich jahrzehntelang auf der kleinen ostfriesischen Insel Wangerooge. Die Deutsche Bundesbahn betrieb auf der rund 3,5 Kilometer langen Meterspurstrecke einen illustren Verkehr zwischen dem Anleger und dem Inselort mit einem bunt zusammengewürfelten Wagenpark.

Auf Wangerooge fühlte man sich zeitweise wie um Jahrzehnte in der Zeit zurückversetzt: Der Inselbetrieb – im wahrsten Sinn des Wortes – lag recht weit und isoliert von den DB-Entscheidungsträgern in Frankfurt, sodass sich hier ein wahres Schmalspurparadies bildete. Ausgediente Personen- und Güterwagen anderer stillgelegter DB-Strecken wie Mosbach – Mudau, Nagold – Altensteig oder des pfälzischen Meterspurnetzes waren hier in den 60er- und 70er-Jahren präsent. Später fanden viele ausgediente Fahrgestelle noch eine Verwendung als Flachwagen für den Paletten- und Gepäckcontainertransport.

Ebenso waren auf der Insel weinrote Kleinlokomotiven mit Stangenantrieb zu finden, an den Wagen prangten auch in den 80er-Jahren noch „historische" Direktionsbezeichnungen wie „Han" für Hannover. Gemütlich schaukelten die Züge über die Gleise – da hat man lange ein Auge zugedrückt, wenn Reisende auf dem Flachwagen Platz nahmen und bei der Fahrt über den kleinen Damm durch das Wattenmeer die Beine baumeln ließen. Durchgehende Zugbremsen waren auf Wangerooge stets auch ein Fremdwort – gebremst hat alleine die Lok, das reichte angesichts der „Spitze 20", die (offiziell) auf der Strecke möglich war.

Viel hat sich seit den 90er-Jahren geändert: Das Eisenbahnbundesamt wacht mittlerweile streng über die Bahn, die seitdem fast ihren kompletten Fahrzeugpark austauschte. Eine durchgehende Zugbremse ist jetzt genauso Standard wie das menschenleere Bahngleis, das durchs Watt führt: In den 80ern wanderten noch die Insulaner und Touristen über den Bahndamm, der den kürzesten Weg zwischen Ort und Anleger darstellte. Heute befindet sich hier die absolute Ruhezone des Naturschutzes, die Einhaltung des Betretungsverbotes wird streng überwacht.

MALTE WERNING

Im Juni 1990 gehört Wangerooge den Dieselloks: 329 501 rollt mit ihrem Personenzug über das Nordsee-Eiland   M. Werning

Strecken und Betrieb

■ Mit dem „Heckeneilzug" durchs nordhessische Bergland

Das andere Reisege

Manche Nebenstrecke hatte einen Star: Einmal am Tag stellte ein Ferneilzug die Verbindung in die große weite Welt her. Auf der Linie Korbach – Brilon Wald zum Beispiel sorgte der Eilzug Frankfurt – Bremen über Jahrzehnte für etwas Glanz

Genau genommen entstanden sie schon vor der Bundesbahn selbst. Der Sommerfahrplan 1949 enthielt als Innovation einige Eilzüge, die auf langen Abschnitten über Nebenbahnen rollten. Als die Reichsbahn der Westzonen am 7. September des Jahres in die Deutsche Bundesbahn überging, war diese Form des Fernverkehrs sozusagen schon etabliert.

Das Paradestück des neuen Angebotes bildete das Eilzugpaar 151/152 (später E 451/452 bzw. mit anderen Nummern). Der Zug hatte den 439 Kilometer langen Laufweg Frankfurt (Main) – Marburg – Korbach – Brilon Wald – Paderborn – Bielefeld – Herford – Rahden – Bassum – Bremen. 281 Kilometer oder 64 Prozent des Laufweges gingen über Nebenbahnen. Elf Stunden und 17 Minuten dauerte die Fahrt von Bremen nach Frankfurt, das entsprach einer Reisegeschwindigkeit von 38,9 km/h.

Das wirkt bescheiden – aber die Fahrt auf der damals einzigen anderen umsteigefreien Tagesverbindung zwischen Bremen und Frankfurt war nicht viel schneller. Der 497,2 Kilometer lange Weg über Kassel (D 174, Kurswagen in D 74) nahm zehn Stunden und 20 Minuten in Anspruch. Hier betrug die Reisegeschwindigkeit 48 km/h, wegen größerer Reiselänge und des Zuschlages war die Fahrt teurer. Was den E 151/152 betrifft, so wurde er übrigens ein wirkliches Kind der Bundesbahn. Wegen Wagenmangels verzögerte sich sein Einsatz und begann erst am 6. Januar 1950.

In den nächsten Jahren wuchs die Zahl der „Fern-Eilzüge", die über lange

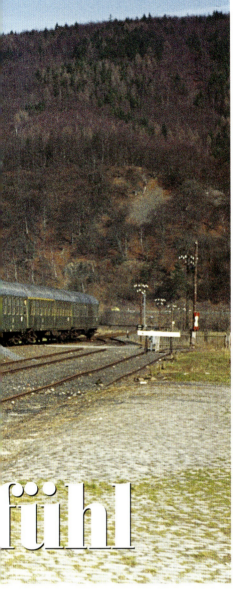

Um 1975 braust der Eilzug Bremen – Frankfurt durch Schmittlotheim M. Ritter

Strecken über Nebenbahnen geführt wurden, an. Zu nennen sind hier vor allem die Zugpaare
- Frankfurt – Grävenwiesbach – Weilburg – Limburg – Au – Köln,
- Frankfurt – Marburg – Biedenkopf – Erndtebrück – Siegen – Köln,
- Bad Wildungen – Brilon Wald – Oberhausen,
- Altenbeken – Hannover – Soltau – Hamburg,
- Flensburg – Kiel – Lübeck – Lüneburg – Uelzen – Wittingen – Braunschweig – Goslar und Kiel – Lübeck – Lüneburg – Uelzen – Braunschweig – Goslar – Kreiensen.

Hinzu kamen meist kurzlebige Städteschnellverkehrsverbindungen, etwa auf der Relation Lüchow – Dannenberg – Uelzen – Bremen.

Vermehrt gab es auch Ferneilzüge, die nur auf kurzen Abschnitten Nebenbahnen befuhren, etwa das Zugpaar Göttingen – Bodenfelde – Soest – Wuppertal – Köln. Manche Ferneilzüge bestanden nur kurz, andere hielten sich Jahrzehnte lang. Das Flaggschiff gewissermaßen blieb über Jahre hinweg die Verbindung Frankfurt – Korbach – Bremen.

Warum „Heckeneilzüge"?

Die Entstehung dieses speziellen Zugangebots hängt mit der Bahninfrastruktur der Nachkriegszeit zusammen. 1949 durfte auf Hauptbahnen höchstens 100 km/h gefahren werden, noch gab es zahlreiche Langsamfahrstellen, Behelfsbrücken und Kapazitätsengpässe. Der preußische Staat hatte ausgedehnte Teile der Mittelgebirgsräume und des norddeutschen Tieflandes ausschließlich durch Nebenbahnen erschlossen, die aber einen recht hohen Ausbaustandard aufwiesen. Mancherorts war die Fahrt über Nebenbahnen sogar eine Abkürzung gegenüber der Route über Hauptbahnen. So ließen sich mit entsprechenden Ferneilzug-Läufen mehrere Vorteile verbinden:
- Hochrangige Zentren erhielten weitere Direktverbindungen, und das mit nur beschränktem Fahrzeitverlust.
- Fremdenverkehrsgebiete und kleinere bedeutende Orte, die nur über Nebenbahnen erreichbar waren, bekamen umsteigefreie Verbindungen zu bevölkerungsreichen Zentren und wichtigen Bahnknoten.

Wegen ihrer Fahrt durch ländliche Regionen – sozusagen nicht im „sichtbaren Bereich" der Hauptbahnen – hatten die Verkehrsverbindungen bald ihren Spitznamen weg: „Heckeneilzug". In erster Linie blieben sie ein mittel- und norddeutsches Phänomen. Der Grund: In Süddeutschland sind zahlreiche Strecken als Hauptbahnen klassifiziert, obwohl ihr Trassierungsniveau eher bescheiden ist und sich mit den ehemals preußischen Nebenbahnen vergleichen lässt. Über diese eigentlich sekundären Linien rollten gleichfalls Ferneilzüge, etwa der Zug Frankfurt – Ulm über Miltenberg – Wertheim – Lauda – Crailsheim. Nur der Abschnitt Miltenberg – Wertheim zählt zu den Nebenbahnen, aber vor allem die Strecken Wertheim – Lauda und Königshofen – Crailsheim sind Hauptbahnen von eher schlichtem Standard.

Das Eilzugpaar Frankfurt – Bremen

Am Laufweg des Eilzugs Frankfurt – Bremen änderte sich über mehr als zwei Jahrzehnte wenig, wohl aber gab es Veränderungen in der Zeitlage. Der Ausbau der Hauptbahnen und die Anhebung

Heckeneilzüge

Abschiedsgruß zum „Silberling"-Wagen des Ferneilzugs, gesehen im Bahnhof Telgte im Juni 1970 L. Rotthowe (2)

Das Gegenstück: Das Personal der 50er fährt 1968 den Kurzstreckeneilzug Winterberg – Bestwig mit Kurswagen nach Dortmund

Strecken und Betrieb

„Heckenpersonenzüge"

Im August 1978 ist 515 624 mit einem Beiwagen 815 auf dem Weg nach Düren U. R.

Neben den oft zitierten „Heckeneilzügen" setzte die DB auch Nahverkehrszüge mit langen Laufwegen ein, wobei aber Umlaufgründe die Ursache darstellten. Es gab wohl kaum Reisende, die solche Verbindungen komplett benutzten. Zudem änderten sich meist unterwegs noch die Zugnummern. Ein solches Beispiel bot der Sommerfahrplan 1978 mit einem Triebwagendurchlauf von Wuppertal-Wichlinghausen über Düsseldorf und Düren bis Heimbach in der Eifel. Gefahren wurde diese sämtliche Unterwegsstationen bedienende Verbindung, die drei verschiedene Zugnummern aufwies, mit einer Akkutriebwagen-Garnitur der Reihe 515/815. Insgesamt benötigte der Zug drei Stunden und 22 Minuten, was einer mittleren Reisegeschwindigkeit von 36,8 km/h entsprach.
Ausgehend von den Zugnummern zeigt sich die Verbindung wie folgt:
N 5310 (Laufweg 34 Kilometer)
Wuppertal-Wichlinghausen ab 7.28 Uhr, Düsseldorf Hbf an 8.22 Uhr
N 8112 (Laufweg 60 Kilometer)
Düsseldorf Hbf ab 8.26 Uhr, Düren an 9.45 Uhr
N 7910 (Laufweg 30 Kilometer; Nebenbahn)
Düren ab 9.53 Uhr, Heimbach an 10.50 Uhr
Bemerkenswert sind dabei die recht kurzen Aufenthalte in den Knoten Düsseldorf Hbf und Düren. Der Zug nutzte Neben- wie Hauptbahnen. Heute könnte auf dieser Relation kein Zug mehr verkehren, denn die Abschnitte Wuppertal-Wichlinghausen – Dornap-Hahnenfurth sowie Bedburg – Düren sind inzwischen stillgelegt.

ULRICH ROCKELMANN

---

der Höchstgeschwindigkeit auf nun 120 km/h in den frühen 50er-Jahren kamen auch den Heckeneilzügen zugute. Von der 1958 beginnenden Beschleunigung des Fernverkehrs bis auf 140 km/h blieben sie allerdings ausgenommen. Dafür eignete sich das Wagenmaterial nicht. 1958 war die Fahrzeit des Eilzugs Bremen – Frankfurt auf zehn Stunden und acht Minuten reduziert, zehn Jahre später dauerte die gleiche Reise acht Stunden und 41 Minuten, womit sich die Reisegeschwindigkeit auf 50,6 km/h belief. Nochmals wenige Minuten Fahrzeitreduzierung brachte der Ausbau der Nebenbahnabschnitte Bassum – Bünde und Brilon Wald – Korbach auf 80 km/h Anfang der 70er-Jahre.

Die Ferneilzüge waren stattliche, schöne Züge, und zwar von Anfang an. Sie führten beide Wagenklassen, Gepäck- und zeitweise Postwagen, viele Fahrplanperioden lang gab es auch Speise- und Getränkeverkauf zumindest auf Teilstrecken. In den letzten Jahren – bis 1979 – begleitete von Süden her die Minibar den Zug bis Korbach, wurde hier aufgefüllt und rollte mit dem etwa eine Stunde später eintreffenden Gegenzug zurück. Beim Rollmaterial handelte es sich um Wagen im gehobenen Bereich: Zunächst Vorkriegsschnellzugwagen und Eilzugwagen, später Eilzugwagen mit Mitteleinstieg der 50er-Jahre, gelegentlich Schnellzug-Abteilwagen und die unvermeidlichen „Silberling"-Nahverkehrswagen. Den Gepäckwagen ersetzte ein Halbgepäckwagen. Der Zug führte zwischen vier und sieben Wagen, in den 70er-Jahren meist deren fünf.

Anspruchsvolle Zugleistung

Recht hochrangig war die Bespannung: Im Mittelgebirge fuhr spätestens seit Mitte der 50er-Jahre eine Dampflok der Baureihe 50 vom Bw Treysa, die lange Zeit zwischen Marburg und Bielefeld am Zug blieb. 1964 folgte laut Buchfahrplan die Diesellok V 100^2, die 50er soll aber noch über zwei Jahre hinweg die Regelbespannung für den schweren Zug geblieben sein. Anfang der 70er-Jahre wurde die V 100 (nun 212) durch Kasseler 216 ersetzt und dabei blieb es bis zum Ende des Ferneilzugverkehrs. Doppelbespannungen kamen vor, selbst mit 50ern, häufig mit V 100^2. Schließlich: An Sonntagen bedurfte es in den frühen 60er-Jahren oft sogar eines Vorzugs im Abschnitt Frankfurt – Korbach. Und den bespannte mitunter eine der beiden 66er-Neubaudampfloks!

Namentlich zwischen Frankenberg und Brilon Wald rollten die Züge durch reizvolle – und anspruchsvolle – Gebirgslandschaften. Südlich von Korbach betrugen die maximalen Neigungen 1:60, zwischen Korbach und Brilon Wald handelte es sich um eine ausgeprägte Gebirgsbahn mit langen Steigungen von 1:42, vielfach an Hängen geführt mit großartigen Aussichten in die Täler! Der Zugdienst mit der V 100^2 gestaltete sich hier schwierig und mag wesentlich dazu beigetragen haben, dass die Zuglast laut Buchfahrplan binnen weniger Jahre von 350 auf 250 Tonnen reduziert wurde.

Die Züge waren ein Erlebnis, brachten sie doch das Ambiente eines Fernzuges auf die Nebenbahn. Wegen der zahlreichen Bahnübergänge konnte man häufig die Lokpfeife hören, das stetige, langsame Fahren in den gepflegten Wagen gestattete es, die Landschaft intensiv wahrzunehmen. Umfangreich war der Betrieb auf den wenigen Stationen, an

Der Fahrplan des E 451 war 1963 auf den Dienst einer 50er ausgerichtet Slg. L. Münzer

denen gehalten wurde, nicht allein durch die zahlreichen Ein- und Aussteiger mit oft viel Handgepäck, sondern auch durch das große Aufkommen an Kleingut, Post und Gepäck. So wurde in Frankenberg und Korbach noch 1975 bei jedem Zug mindestens ein kompletter Gepäckkarren Expressgut und Gepäck zugeladen! Fast schon chaotisch waren die Verhältnisse auf dem kleinen Bahnhof Willingen im Upland. Hier begegneten sich lange Zeit die beiden Züge des Paares und vor allem in der Ferienzeit warteten viele Fahrgäste.

Der schleichende Niedergang

Einen ersten Einschnitt erlebte die Zugverbindung im Jahr 1974. Damals endete der Reisezugverkehr zwischen Büren und Brilon Wald; das Zugpaar schlug nun den „Haken" Brilon Wald – Warburg – Altenbeken – Paderborn, der eine Laufverlängerung um 46,3 Kilometer brachte. An Sonn- und Feiertagen verkehrte der Zug nördlich von Brilon Wald gar nicht. 1975 wechselte der nördliche Endpunkt des Zuglaufes: Hamburg-Altona war statt Bremen der (werktägliche) Start- bzw. Zielbahnhof. 1977/78 wurde noch einmal Bremen angelaufen, die südwärtige Tour begann sogar in Bremerhaven, doch ab Sommer 1978 fuhr der einstige Paradeeilzug wieder ab/bis Hamburg.

Mit Einführung des zweiklassigen IC-Systems 1979 war die Zeit des Heckeneilzuges fast vorbei. Südwärts gab es drei Jahre lang täglich noch einen

Im September 1981 trifft der Eilzug von Buchholz über Brilon Wald nach Frankfurt im Bahnhof Korbach ein L. Münzer

Eilzug Buchholz (sonntags Hamburg) – Soltau – Hannover – Altenbeken – Warburg – Brilon Wald – Korbach – Frankfurt. Eine Rückleistung fehlte, an ihrer Stelle rollte im hessisch/westfälischen Bereich zunächst ein Eilzug Marburg – Korbach – Warburg, sonntags schon in Frankfurt beginnend, dann zwei Jahre täglich ein Eilzug Marburg – Korbach – Warburg – Altenbeken.

Und dann brachte der Jahresfahrplan 1982/83 eine Teil-Renaissance: Nordwärts rollte jetzt täglich Eilzug 3498 Marburg – Altenbeken, vereinigt bis Brilon Wald mit E 2844 Marburg – Hagen – Köln; in Korbach wurden diesem Zug noch die Wagen des E 6406 von Bad Wildungen beigestellt. Südwärts gab es nur den Eilzug 3499 Altenbeken – Korbach – Frankfurt, die Kölner Wagen liefen in anderen Zügen. Im nächsten Jahr wurde der südwärtige Lauf schon auf die Relation Warburg – Marburg – Friedberg bzw. an Sonn- und Feiertagen Warburg – Marburg – Gießen begrenzt. Südlich von Marburg rollte der Zug als eine Art beschleunigter Personenzug mit Halt auf vielen kleinen Stationen. Zum Sommer 1984 war dann Schluss mit jedem Ferneilzugverkehr auf der Nebenbahn Marburg – Frankenberg – Korbach; drei Jahre später hörte der Reisezugverkehr zwischen Frankenberg und Korbach sogar ganz auf.

Wie dem Zugpaar Bremen – Frankfurt erging es vielen Ferneilzügen jener Zeit. Die Gründe dafür liegen nicht nur im aufkommenden Straßenverkehr und im schwindenden Interesse an den Urlaubsgebieten. Als durchgehende Fernverbindung hatten die Heckeneilzüge schon seit den späten 50er-Jahren erheblich an Attraktivität eingebüßt, denn inzwischen war die Reise über die Hauptstrecken deutlich schneller. 1971 benötigte der Eilzug über acht Stunden für die Fahrt von Bremen nach Frankfurt, mit dem TEE ging es in weniger als der Hälfte davon, mit einem normalen Schnellzug noch in ca. fünf Stunden. Es blieb der Reiz des umsteigefreien Reisens zwischen Stationen, die sonst keine Direktverbindung miteinander besaßen.

Ab 1979 wollte die DB den hochrangigen Fernstrecken Verkehr zuschieben, um dort die nun im Stundentakt fahrenden IC-Züge zu füllen; für parallele Verbindungen in Form von Heckeneilzügen gab es keinen Platz mehr. Man konnte das auch bald spüren. Außerhalb der Urlaubszeiten ließ die Besetzung der Ferneilzüge zwischen Marburg und Brilon Wald oft zu wünschen übrig, sie wirkten überdimensioniert und mit den inzwischen abgenutzten Silberlingen und Eilzugwagen wenig attraktiv. Eigentlich schade!

DR. LUTZ MÜNZER

Noch als richtig langer Fernzug fährt der Eilzug Frankfurt – Bremen im Mai 1978 bei Frankenberg durch Oberhessen L. Münzer

Strecken und Betrieb

■ Der Güterverkehr in der Fläche

Holz, Vieh und Stückgut

Auf vielen Nebenstrecken gehörten die Güterzüge zum gewohnten Bild – mitunter auch noch, als der Personenverkehr schon auf Busse umgestellt war. Doch beim Frachttransport setzte die DB ebenfalls nach und nach den Rotstift an

Wenn von Nebenbahnen bei der Deutschen Bundesbahn die Rede ist, wird in schöner Regelmäßigkeit Bezug auf den Personenverkehr genommen. Doch oft genug war der Güterverkehr dort fast ebenso wichtig – bis der Lastkraftwagen zu seinem Siegeszug ansetzte. Vor allem auf kurzen Strecken konnte die DB dem ab den 50er-Jahren kaum etwas entgegensetzen. Das Verladen der Fracht am Bahnhof in den bereitgestellten Güterwagen, die mindestens eintägige Reise des Wagens und das Entladen am Zielort lohnten eigentlich nur noch dann, wenn wenig eilige Güter über eine größere Distanz zu befördern waren.

Anders als bei der Reichsbahn vor dem Zweiten Weltkrieg, die ihr ausgedehntes Nebenbahnnetz als eine Versorgungsgarantie für den Verkehr auf den Hauptbahnen betrachtet hatte, gerieten bei der Bundesbahn Personen- wie Güterverkehr auf den Prüfstand: Schon 1950 hatte die DB einen Schuldenberg von über 2 Milliarden DM angehäuft. Für das Dilemma wurde vor allem das hochdefizitäre, rund 11.000 Kilometer umfassende Nebenbahnnetz verantwortlich gemacht.

Kontraste im Transport

Der Güterverkehr zeigte sich dabei sehr gegensätzlich. Wenn größere Frachtlieferanten an einer Nebenbahn lagen, wurden diese längere Zeit – und durchaus regelmäßig – bedient. Oft bestand der Betrieb noch Jahre über die Einstellung des Personenverkehrs hinaus; einen Einschnitt erlebten die Schienentransporte aber, wenn größere Investitionen in den Oberbau oder an Kunstbauten wie Brücken oder Tunnel anstanden. Dies konnte das Ende bedeuten.

Gab es solche Güteranschließer oder bedeutenden Frachtkunden nicht, kam für den Frachtverkehr auf der Schiene schon deutlich früher das Aus. Bis in die 70er-Jahre verschwand ein Großteil der Nebenbahnen der DB aus den Streckenkarten. Finanziell gesundet ist das Staatsunternehmen daran jedoch nicht.

Nur selten waren Ausnahmen wie die Angertalbahn Ratingen – Wülfrath, die

Güterverkehr auf Nebenbahnen

Ungewöhnliche Zuglok: Mit einem Schienenbus-Motorwagen der Baureihe 798 sortieren Eisenbahner im Mai 1968 Güterwagen in Emmelshausen, oberhalb von Boppard T. Horn

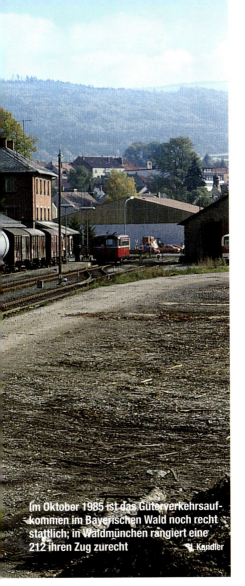

Im Oktober 1985 ist das Güterverkehrsaufkommen im Bayerischen Wald noch recht stattlich; in Waldmünchen rangiert eine 212 ihren Zug zurecht H. Kandler

Im Mai 1975 zieht 251 903 ihren Güterzug aus dem Bahnhof Ochsenhausen; normalspurige Güterwagen wurden hier bis 1983 auf Rollböcken befördert H. Stemmler

sich trotz ihres ausgesprochenen Nebenbahncharakters mit Hilfe des Güterverkehrs behaupten konnte. Während der Personenverkehr schon in den frühen 50er-Jahren eingestellt wurde, sorgte ein angeschlossenes Kraftwerk für ein enormes Güteraufkommen, selbst wochenends. Andere Nebenbahnen wie Heimbach – Baumholder in Rheinland-Pfalz oder die Eifelquerbahn wurden aus militärischen Gründen für die Truppen der Besatzungsmächte oder aus „strategischen Gründen" betrieblich aufrecht erhalten, obwohl sich das Verkehrsbedürfnis bei ihnen weiter reduzierte.

Vielerlei Güter

Generell transportierten Nebenbahn-Güterzüge fast alles, was sich auf die Schiene verladen lässt. Gemäß dem meist ländlichen Einzugsgebiet dominierten aber landwirtschaftliche Produkte. So gehörte in den 50er-Jahren noch eine Ladestraße zum gewohnten Bild. Bauern kamen mit ihren Pferdefuhrwerken direkt an den Zug, um ihre Waren – Vieh und Milchprodukte, außerdem Getreide – zu verladen. Viele

Eine gemischte Fuhre hat 86 009 am Haken, als sie 1958 im Bayerischen unterwegs ist. Ab den 60er-Jahren ging das Aufkommen vielerorts spürbar zurück G. Turnwald/Slg. A. Knipping

Strecken und Betrieb

Typisch für Güterzüge auf Nebenbahnen waren Begleitwagen für das Personal; in diesem Zug auf der Strecke Kempten – Isny läuft der Wagen an zweiter Stelle (50er-Jahre) G. Turnwald

Oppenau im Schwarzwald besaß eine Gleiswaage für die Holztransporte D. Höllerhage

Nebenbahnen führten in waldreiche Gegenden, sodass Holz ein bedeutendes Transportgut ausmachte. Auch Stückgut in geschlossenen Güterwagen war bis in die 60er-Jahre Alltag auf Nebenbahnen; der Lkw übernahm dabei lediglich die regionale Funktion des Zulieferers zu und vom Bahnhof.

So manche Nebenbahn blühte in den Monaten Oktober und November auf, wenn es an die Ernte der Zuckerrüben ging: Dann rollten lange Güterzüge durch enge Kurven und sonst kaum befahrene Bahnhofsgleise. Rübenzüge waren zum Beispiel bis in die 90er-Jahre in Rheinhessen ein gewohnter Anblick. Im Raum Alzey erwachten die Nebenbahnen für wenige Tage aus einem Dornröschenschlaf, wenn alle verfügbaren offenen Güterwagen zur Beladung bereitgestellt wurden.

Bei vielen Nebenbahnen genügte ein Güterzug am Werktag, um die ent- und beladenen Wagen an den Bahnhöfen einer Strecke einzusammeln und wieder neu zu verteilen. Der Betrieb wirkte vielfach beschaulich. Einen Taktfahrplan gab es nicht, und so blieben jahrzehntelang zwischen den einzelnen Personenzügen großzügig bemessene Lücken. Daher konnte sich die tägliche Güterübergabe mit ihrer Arbeit Zeit lassen. Aus dem nächsten Knotenbahnhof rückte eine Dampflok wie die 64 oder die 86, später eine Diesellok wie die V 100, die V 60 oder gar eine Kleinlok an, um die Güterwagen für die Anschließer zuzustellen. Jeder Bahnübergang, ob Feldweg oder ausgewachsene Straße, wurde mit dem kurzen Achtungspfiff der Lok quittiert, die gemächlich den Schienenstrang abfuhr. Nur bei den dichter befahrenen Bahnstrecken waren beschrankte Bahnübergänge vorgeschrieben, für die meisten Nebenbahnen reichten blinklichtgesicherte Übergänge oder simple Andreaskreuze aus.

Stundenlange Arbeit

Je nach Streckencharakter konnte die Bedienung der Anschlüsse ein paar Stunden oder gar eine ganze Dienstschicht dauern. Oft hatte das Personal eines solchen Zuges alle Hände voll zu tun: Güterwagen, die auf Unterwegsbahnhöfen „einzusammeln" waren, mussten von der Zuglok selbst in die Zuggarnitur eingestellt werden. Das hieß: Abkuppeln vom Zug, Einfahren in das entsprechende Gleis, Ankuppeln, Verschieben des Wagens auf das Streckengleis, Ankuppeln, Bremsprobe, Weiterfahrt. Je nach Betriebssituation

Die Angertalbahn in Nordrhein-Westfalen übertraf mit ihrem Güteraufkommen manche Hauptbahn (Abzw Anger, Juli 1984) D. Beckmann

Übergabeleistungen waren zuletzt eine Domäne der Diesellok-Reihen 212 und 260 (Bild von der Strecke Dreieich – Sprendlingen) A. Burow

Güterverkehr auf Nebenbahnen

Übergabedienst in Bayern in den 50er-Jahren: Die Länderbahnlok 98 1027 hat mit dieser Fracht keine Mühe   G. Turnwald

und der Menge an Weichen und Gleissperren, die der mitfahrende Rangierer aufschließen, umlegen und abschließen musste, konnte das einen enormen Zeitaufwand darstellen. Musste diese Prozedur an mehreren Bahnhöfen wiederholt und zudem noch der vorrangige Personenverkehr abgewartet werden, gingen einige Stunden damit ins Land. Erschwert wurde die Arbeit bei einigen Strecken noch durch einseitig angeschlossene Ladegleise, etwa auf der Linie Breitengüßbach – Dietersdorf in Oberfranken. Dort musste die Lokomotive manche Güterwagen mit in den Endbahnhof nehmen und umsetzen; erst auf dem Rückweg stand sie bei einigen Stationen in der Richtung zum Ladegleis, dass sie Wagen auf dieses schieben konnte.

Schwieriger wurde der Verkehr auch auf Schmalspurbahnen: Da diese zumeist isoliert waren, mussten Güter an den Schnittpunkten zum Normalspurnetz jahrzehntelang umgeladen werden. Um den enormen Zeitverlust etwas abzufangen, setzten sich bei den DB-Schmalspurstrecken Rollböcke durch, mit deren Hilfe normalspurige Güterwagen auch über das Schmalspurgleis an ihren Zielort gelangen konnten. Immerhin: Die 750-Millimeter-spurige Strecke Warthausen – Ochsenhausen, letzte DB-Schmalspurstrecke auf dem Festland, blieb auf diese Weise durch die Aufträge einer Kühlschrankfirma bis 1983 in Betrieb; erst dann wurde der Transport per Bahn zum Normalspurbahnhof Biberach verlegt. Anders lag die Situation bei der Inselbahn Wangerooge, wo die Fracht ohnehin eine Schiffsreise antreten musste. Nachdem hier jahrelang Kisten per Hand umgeschlagen wurden, setzte sich hier die Verladung standardisierter Paletten und Frachtboxen durch.

Bei aller Mühe konnte der Güterverkehr auf der Nebenbahn dem Personal aber auch entspannende Seiten bieten. Da kam es schon vor, dass die Eisenbahner „außerplanmäßige Zughalte" in der Nähe einer Fleischerei einlegten, um den Bordproviant mit belegten Brötchen oder Leberkäse aufzufüllen. Das alles unter der Voraussetzung, dass nicht der nächste Schienenbus bereits auf die Freigabe der Strecke wartete.

Grenzfall GmP

„GmP" – hinter diesen drei Buchstaben verbirgt sich eine „Legende" des Nebenbahnbetriebs. Das Kürzel steht für den „Güterzug mit Personenbeförderung". Noch in den 50er-Jahren fehlte es mancherorts an geeigneten Fahrzeugen, an Personal oder auch schlichtweg am Reisendenaufkommen. So wurde oftmals ein Güterzug für den öffentlichen Fahrgastverkehr freigegeben und mit einem oder mehreren Personenwagen ergänzt. Eine Fahrt im GmP versprach den Reisenden zwar keine beeindruckenden Fahrzeiten, da die Güterschäfte mit etwaigem Aussetzen einzelner Güterwagen auf Zwischenstationen Vorrang hatten. Doch war dies eine pragmatische Möglichkeit, eine Mitfahrgelegenheit anzubieten, wenn ein eigener Personenzug nicht lohnte oder nicht fahren konnte. GmP waren dabei keineswegs unüblich – vereinzelt gab es sie sogar bis in die 80er-Jahre. Das Äquivalent dazu war der „PmG", also ein Personenzug, dem Güterwagen beigegeben wurden. Oft wurde eine solche Form – nicht nur auf Nebenbahnen – gewählt, wenn eilige Güter an ihren Bestimmungsort gebracht werden mussten.

Zur Endzeit der Bundesbahn war diese Betriebsform dann aber nicht mehr zu finden. Weder GmP noch PmG hätten sich für den Bahnbetrieb gerechnet – ein Resultat, das so für den Güterverkehr auf vielen Nebenbahnen insgesamt galt.

MALTE WERNING

Impressionen

Eigentlich standen die Zeichen auf Kostensenkung und „Rückzug aus der Fläche". Doch trotz der zahlreichen Stilllegungen behielt der Nebenbahnbetrieb der DB oft noch seinen Reiz. Heute scheinen selbst Szenerien aus den letzten Bundesbahn-Jahren unwirklich fern

■ Nebenbahn-Atmosphäre zwischen

Notizen

Zwischen 1970 und 1993

In Bayern findet sich Anfang der 70er-Jahre noch auf mancher Nebenbahn Dampfbetrieb. Im Juli 1971 bedient eine 64er mit zwei Umbauwagen die Strecke Weiden – Eslarn; das Foto entstand in Eslarn P. Schricker

Im Mai 1972 verlässt ein ET 90 samt Beiwagen den Ort Au an der Strecke Bad Aibling – Feilnbach. In Kürze werden Schienenbusse die Elektrotriebwagen ablösen P. Schricker

Abschiedsstimmung liegt im Frühjahr 1973 über der Schmalspurstrecke Mosbach – Mudau. Am 27. Mai 1973 bespannt 252 901 noch einen Sonderzug (Foto in Mosbach). Mit Ablauf des Sommerfahrplans legt die DB die Strecke still T. Horn

1970 und 1993
aus der Provinz

Impressionen

Eine schlichte Blechbude muss im Juni 1983 als Unterstand für die Reisenden genügen; mehr gibt es in Altenfeld (Strecke Fulda – Gersfeld) nicht U. Kandler

Zwischen 1970 und 1993

Braunfels-Oberndorf ist in den 80er-Jahren ein beliebtes Ziel für Fotofans: Die hessische Ortschaft bietet ein majestätisches Bahnhofsgebäude, liebliche Landschaft und emsig knatternde Schienenbusse auf der Fahrt zwischen Grävenwiesbach und Wetzlar (Bild vom Oktober 1984) J. Seyferth

Der Nebenbahnknoten Altenkirchen im Westerwald besticht auch 1992 noch durch Eisenbahn-Nostalgie, wie diesen Zugzielanzeiger D. Höllerhage

Impressionen

Zwischen 1970 und 1993

Mechanische Hebelstellwerke sind bei fast allen größeren Nebenbahn-Bahnhöfen Usus. Das Arbeitsaufkommen bleibt aber meist überschaubar, wie hier in Herdorf (Strecke Betzdorf – Haiger – Dillenburg) D. Höllerhage

Aus jedem Dorf ein Hund: Das gilt für den Nahverkehrszug, den 212 298 im Mai 1980 auf der Strecke Dieringhausen – Brügge befördert (Bild bei Kotthausen). Hinter der Diesellok laufen ein Güterwagen, ein „Silberling"-Steuerwagen und ein Vorkriegseilzugwagen U. Kandler

Zwischen Mönchengladbach und Dalheim pendeln im Frühjahr 1990 die 515er. Soeben macht einer der Akkutriebwagen im ländlichen Haltepunkt Arsbeck Station M. Werning

Impressionen

Sprung auf die Insel: Auf Wangerooge schleppt im Mai 1989 Diesellok 329 502 einen Personenzug. Im Hintergrund rechts grüßt der neue Leuchtturm D. Lindenblatt

Im August 1987 übernimmt ein 614 die morgendliche Leistung von Münchberg nach Helmbrechts (Oberfranken). Dort nutzen die Eisenbahner für den Gepäckdienst noch einen urigen Karren MHZ

Zwischen 1970 und 1993

Im Oktober 1985 rangiert eine 212 in Neunburg vorm Wald (Oberpfalz). Auch ohne den Hinweis im Ortsnamen lässt sich leicht erkennen, dass Holz hier ein wichtiges Transportgut ist U. Kandler

Hintergrund

Die Entwicklung der DB-Nebenbahnen
Auf verlorenem Posten?

links **Dienstende für die Schmalspurlok:** Eine V 60 verschiebt in den 60er-Jahren die ausgemusterte 99 253 der Walhallabahn
P. Kristl/Slg. T. Wunschel

Die Währungsreform brachte die Wende: Waren die Nebenbahnen zuvor noch lebenswichtig, so konnten sie sich ab 1948 in Westdeutschland immer schlechter gegen Bus, Lkw und Pkw behaupten. Die Bundesbahn versuchte, dagegen anzusteuern, und begann letztlich doch den „Rückzug aus der Fläche"

Auf dem amtlichen Kursbuch für den Sommer 1949 stand noch „Deutsche Reichsbahn, Generalbetriebsleitung West". Aber die Zeiten änderten sich: In dem aus der amerikanisch-britischen Bizone hervorgegangenen „Vereinigten Wirtschaftsgebiet" erhielt die Deutsche Reichsbahn am 7. September 1949 die Bezeichnung „Deutsche Bundesbahn" (DB). Damit hatte die im Mai 1949 gegründete Bundesrepublik Deutschland ihre Staatsbahn neu geordnet. Das Kursbuch galt ungeachtet dessen bis zum 1. Oktober 1949 weiter.

Großes Erbe

Dieser Sommerfahrplan umfasste einen Großteil der von der Bundesbahn übernommenen Strecken, denn auf fast jeder Bahnlinie verkehrten zu dem Zeitpunkt noch Personenzüge. In Sachen Infrastruktur trat die DB ein umfangreiches Erbe an. Bei ihrer Gründung betrieb sie ein Streckennetz von 25.333,48 Kilometern; davon waren 9.858,5 Kilometer Nebenbahnen, davon 114,62 Kilometer schmalspurig.

Dazu kamen im Rahmen eines mehrstufigen Übergangsprozesses, der am 1. Juni 1952 abgeschlossen war, die in der französischen Zone gebildeten Südwestdeutschen Eisenbahnen mit einer Betriebslänge von 3.064,4 Kilometern, davon 1.739,7 Kilometer Nebenbahnen, davon 116,8 Kilometer schmalspurig.

Nebenbahnen der französischen Zone waren es übrigens auch, die von allen Eisenbahnstrecken im Bundesgebiet am längsten auf die Reparatur von Kriegsschäden und die Wiedereröffnung warten mussten. Erst 1952 gingen die Strecken Pronsfeld – Neuerburg und Erdorf

Entwicklung der Nebenbahnen

Ingelbach an der Strecke Limburg – Altenkirchen erhielt einen stattlichen Bahnhof. Im Juni 1986 bietet der Betrieb dort noch viel historische Eisenbahn U. Kandler

– Igel wieder in Betrieb, erst am 6. Dezember 1953 folgte die Strecke Wengerohr – Daun mit dem Pleiner Viadukt.

Das bedeutet nicht, dass es im Streckennetz der DB nun keine „vorübergehend stillgelegten" Strecken mehr gegeben hätte. Noch am 31. Dezember 1960 waren in dieser Rubrik 40,73 Kilometer Haupt- und 69,76 Kilometer Nebenbahnen erfasst. Diese kriegszerstörten oder von der innerdeutschen Grenzziehung betroffenen Strecken wurden jedenfalls bis zur Wiederherstellung der staatlichen Einheit Deutschlands 1990 nicht wieder aktiviert.

Noch einmal gab es Zuwachs für das Streckennetz der Bundesbahn: Nachdem das nach dem Zweiten Weltkrieg abgetrennte Saarland 1957 ein Land der Bundesrepublik Deutschland geworden war, endete zum 1. Januar 1960 auch die Eigenständigkeit der Saarbahnen; damit kamen zum DB-Streckennetz weitere 530 Kilometer, davon 96 Kilometer Nebenbahnen.

Folgen der Länderbahnzeit

Auf den Streckenkarten der ersten DB-Jahre waren die Nachwirkungen der Länderbahnepoche noch deutlich zu sehen, sprich, die Vorgaben der jeweiligen Regierungen und Parlamente in der Kaiserzeit. In Preußen, Baden und Württemberg waren viele privatrechtlich konzessionierte Kleinbahnbetriebe entstanden, teils in den schmalen Spurweiten von 750 oder 1.000 Millimetern. Bayern blieb dem Staatsbahnprinzip treu. Während Preußen Nebenstrecken eher als Verbindungsbahnen anlegte, beließ es Bayern meist bei Stichbahnen.

Viele der Nebenbahnen waren zwischen 1890 und dem Beginn des Ersten Weltkrieges 1914 gebaut worden. Ergänzend zum Hauptbahnnetz sollten sie weniger bedeutende Regionen und Ortschaften erschließen. Der wirtschaftliche Erfolg von Fabriken, Bergwerken oder Zielorten bürgerlicher Sommerfrische war damals auf den Bahnanschluss angewiesen. Die deutschen Länder kamen diesem Bestreben nach und erlaubten Bau- und Betriebsstandards unterhalb der bislang gültigen Normen. Dass die Strecken zum Teil recht kurzsichtig geplant und ausgeführt wurden, sollte gerade zu Bundesbahnzeiten noch negative Folgen haben.

Schwierige Vielfalt

Bei der frühen DB stellten sich die Nebenbahnen in großer Vielfalt dar. Elf Strecken waren in Schmalspur errichtet (siehe S. 52-58). Einige der DB-Neben-

Hintergrund

Güterverkehr zwischen Mosbach und Mudau: In Krumbach rangiert 99 7203 Schmalspurwagen und aufgebockte Normalspurwagen (Sept. 1964)

bahnen wurden elektrisch betrieben, teils mit dem üblichen System von 16 2/3 Hz/15 kV Wechselstrom, teils mit anderen Stromsystemen (siehe S. 41-43). Ebenfalls elektrisch – ohne Fahrdraht –

Letzte Heimat Volkach bei Würzburg: 1968 dient ein G 10 als Bahnhofswagen T. Horn (2)

fuhren in vielen Regionen Akkumulatortriebwagen. Im Wesentlichen aber herrschte die Dampftraktion vor, wobei es auch hier Sonderfälle gab. In Niederbayern und in der Schwäbischen Alb hatten sich die letzten Bahnen mit kombiniertem Reibungs- und Zahnradbetrieb erhalten. Hierfür mussten Dampfloks in komplizierten Sonderbauarten vorgehalten werden (mehr dazu auf S. 38-40).

Die Streckenlängen der DB-Nebenbahnen variierten von 4,1 Kilometer zwischen Sinzing und Alling (bei Regensburg) über 62,5 Kilometer zwischen Ocholt und Cloppenburg, 95,8 Kilometer zwischen Vilbel Nord und Lauterbach (Hess) Nord bis zu 110,4 Kilometern zwischen Langenlonsheim und Hermeskeil. An der bayerischen Ostgrenze gab es sehr gebirgig trassierte Bahnen, deren Betrieb in jedem Winter unter kräftigem Schneefall litt, während

in Norddeutschland völlig flache Bahnen verliefen.

Auch die deutsche Teilung wirkte sich aus. Mehrere Nebenbahnen waren von der Demarkationslinie zwischen DDR und Bundesrepublik zerschnitten oder sogar in eine Insellage gebracht: Die Strecke Dankmarshausen – Phillipsthal ließ sich auf Bundesgebiet nur über die private Hersfelder Kreisbahn erreichen, das in Bayern liegende nördliche Ende der Strecke Pressig-Rothenkirchen – Tettau war gänzlich abgetrennt. Die Ostsee wiederum machte den Betrieb auf Fehmarn im wahrsten Sinne des Wortes zum Inselbetrieb der Bundesbahndirektion (BD) Hamburg.

Sehr unterschiedlich sahen auch die Fahrplanangebote aus. Die Strecke Dortmund Süd – Herdecke (noch ohne Betrieb bis Hagen!) bot im Sommerfahrplan 1951 mit elf Zügen pro Tag und Richtung den Berufspendlern nach Dortmund schon ein dichtes Verkehrsangebot; dagegen war die Strecke Ahlhorn – Vechta mit einem werktäglichen Zug „hin" und keinem Zug „zurück" für den Reisenden wenig interessant.

Kosten sparen durch neue Fahrzeuge

Die Bundesbahn war gehalten, Gewinn zu erwirtschaften, was zunächst nichts anderes bedeutete, als die Kosten zu senken. Doch das ließ sich mit dem übernommenen Nebenbahn-Fahrzeugpark kaum verwirklichen. Die Zahl der Personal sparenden Triebwagen war vergleichsweise gering, meist fuhren die personalintensiven lokbespannten

---

Definition: Nebenbahn

Gesetzlich wurde dieser Begriff in Deutschland mit der „Bahnordnung für Nebeneisenbahnen" eingeführt, die am 5. Juli 1892 an die Stelle der „Bahnordnung für Bahnen untergeordneter Bedeutung" vom 6. Juni 1878 trat. Nebenbahnen durften normal- oder schmalspurig gebaut werden. Sie waren für den allgemeinen Verkehr zugelassen, sodass die gleichen Abfertigungsbefugnisse im Personen- und Güterverkehr bestanden wie auf Hauptbahnen. Um eine weniger aufwendige Trassierung zu ermöglichen, wurden stärkere Steigungen und engere Bögen erlaubt. Die Eisenbahn-Bau- und Betriebsordnung (EBO) von 1905 (fortgeschrieben durch die EBO 1928, die vereinfachte EBO 1943 und die EBO 1967) legten die Standards fest, so etwa den minimalen Bogenhalbmesser 100 Meter und die maximale Längsneigung auf freier Strecke von 40 Promille (1:25). Die Sicherung von Wegübergängen durfte durch Verzicht auf Schranken, Bewachung oder Haltlichtanlagen vereinfacht werden, ebenso die Sicherung des Zuglaufs, für die auf Hauptsignale (zum Beispiel Ein- und/oder Ausfahrsignale) verzichtet werden durfte. Die maximale Höchstgeschwindigkeit wurde 1967 von 60 auf 80 km/h erhöht. AK

Züge mit den im Betrieb sehr aufwendigen Dampfloks. Dabei hatte die Reichsbahn nicht auf kleine und sparsame Modelle gesetzt, im Gegenteil: Die hochwertigen Konstruktionen der 24, 64 und 86 ermöglichten eine kräftige Beschleunigung des Nebenbahnverkehrs und den Übergang von Zügen auf anschließende Hauptbahnen. Insbesondere in Bayern verzögerte sich die geplante Verstärkung des Oberbaus für 15 Tonnen zulässige Achsfahrmasse, sodass die bayerischen Lokomotiven der Nummernreihen 70 und 98 auf den vormaligen Lokalbahnen noch ihren festen Platz hatten – wobei die 70er einst gar eine Hauptbahnlok gewesen war.

Alles in allem erhielt die Bundesbahn einen illustren Fahrzeugbestand. Unter Berücksichtigung weiterer Länderbahnloks umfasste das Triebfahrzeugangebot für die Nebenbahnen zu Beginn der Betriebsführung
- die Dampflok-Baureihen 24, 50, 54^{15}, 56^2, 57^{10}, 64, 70, 74^4, 75^{0,1,4,10,11}, 86, 91^3, 98$^{3,4-5,8,10,11}$, 98$^{16-18}$ (ex-LAG) sowie
- die Dieseltriebwagen vor allem der Gattungen VT 36, VT 70, VT 75.

Trotz knapper Finanzmittel ging die DB die Erneuerung des Rollmaterials an, um den betrieblichen Aufwand zu verringern. Erster Neuzugang war die aus Wehrmachtsbeständen übernommene dieselhydraulische V 36, mit der auf Nebenbahnen der Wendezugverkehr Einzug hielt. Projekte für neue Nebenbahn-Dampflokomotiven blieben bis auf zwei Probeloks der Baureihe 66 auf dem Papier, denn die Bahnoberen orientierten sich um. Sie leiteten eine neue Epoche des Nebenbahnbetriebs ein, indem sie ab 1950 die ein- und zweimotorigen Schienenbusse VT 95 und VT 98 (ab 1968: 795 bzw. 798) beschafften; diese drängten den Dampfbetrieb schnell zurück.

War es lange Zeit selbstverständlich gewesen, die Nebenbahnen mit dem ältesten Rollmaterial zu betreiben, so setzte die DB mit dem Schienenbus einen Gegenakzent. Bevor in den späten 50er- und 60er-Jahren die großen Serien neuer Elektro- und Dieselloks geliefert wurden, war der Anteil von Neubau-Triebfahrzeugen auf Nebenbahnen erst einmal größer als auf Hauptbahnen! Im Kursbuch war der Einsatz des Schienenbusses übrigens unter dem Zeichen „Pto" für „__P__ersonenzug als __T__riebwagen __o__hne Gepäckbeförderung" verschlüsselt. Ein weiterer Neuling war der Akku-Triebwagen ETA 150 (515), der die Vorläufer aus Länder- und Reichsbahnzeit ablöste. Im Gegensatz zum Schienenbus war er ein Drehgestellfahrzeug.

An manchen Strecken freilich ging die große Modernisierung vorbei. Die kurze Bahnlinie Greißelbach – Freystadt be-

Entwicklung der Nebenbahnen

Die Strecke Murnau – Oberammergau war wegen der kleinen E 69 bei Eisenbahnfreunden sehr beliebt; im August 1979 fährt 169 003 mit ihrem Zug aus Murnau aus   M. Engel

Die 98^{10} nimmt in den 50er-Jahren Personen, Güter und Post von Röthenbach nach Scheidegg mit; Briefe und Pakete reisen in einem wuchtigen Wagen hinter der Lokomotive   G. Turnwald

Ein Beispiel für den unwirtschaftlichen Betrieb: Für den Ein-Wagen-Zug Korbach – Frankenberg ist die 216 viel zu kräftig und viel zu durstig (Bild in Ederbringhausen)   D. Lindenblatt

Hintergrund

Nebenbahn-Halte der DB konnten auch recht simpel sein. Das Beispiel Sengenthal lag an der Strecke Neumarkt (Oberpfalz) – Beilngries (mit 211 162, August 1982) U. Kandler

Drei Mann Personal, zu denen noch ein Fahrgast kommt: So beginnt für den Schienenbus im August 1987 die wenig lukrative Rückreise von Warmensteinach nach Bayreuth MHZ

Mit der CityBahn hatte die DB in den 80er-Jahren auf der Strecke Köln – Gummersbach Erfolg. Das Konzept blieb aber im Wesentlichen ein Pilotprojekt D. Lindenblatt

trieb man bis zur Einstellung des Personenverkehrs 1960 mit bayerischen Lokomotiven der Reihe 98⁵ und mit Wagen, die ebenfalls aus der Zeit um die Jahrhundertwende stammten.

Dabei hatte die DB ihrem Personenwagenpark durchaus ebenfalls einen Generationswechsel gegönnt. Von 1954 bis 1959 verwandelte sie nicht weniger als 6.540 alte dreiachsige Länderbahnwagen in „Umbauwagen" mit modernen Großräumen; viele dieser Fahrzeuge kamen auf Nebenbahnen zum Einsatz. Die in den 60er-Jahren entsprechend umgebauten Vierachser und die neu gebauten „Silberlinge" fuhren zunächst eher auf Hauptbahnen, bevor sie dann die Dreiachser ablösten.

1962 nahm die DB ihren letzten hölzernen Personenwagen aus dem Dienst. Die stählernen „Donnerbüchsen" der 20er-Jahre hatten noch nicht ausgedient – und sie erweckten zu dieser Zeit noch keineswegs den Eindruck von „Oldtimern".

Zehn Jahre nach Erscheinen des ersten VT 95 bedienten Dampflokomotiven fast nur noch steigungsreiche oder hoch belastete Nebenbahnen, auf denen die Schienenbusse überfordert waren. In den 60er-Jahren rückte hier die Diesellok V 100 ein. Bis Mitte der 70er-Jahre verabschiedeten sich die letzten Maschinen der Baureihen 50 (eigentlich eine Hauptbahnlok, aber mit 15 Tonnen Achsfahrmasse für Nebenbahnen geeignet), 64 und 86. Kaum war hiermit die „Verdieselung" des Nebenbahnbetriebes vollendet, waren die ersten Schienenbusse schon so in die Jahre gekommen, dass die Beschaffung einer Nachfolgegeneration anstand. 1974 kamen die ersten Probeexemplare eines einteiligen 627 und eines zweiteiligen 628 auf die Schienen, jeweils in zeitgemäßer Bauart mit Drehgestellen, in sparsamer Ausführung und mit einer von den neuesten Entwicklungen für den Straßenverkehr profitierenden Motorisierung. Die Unentschlossenheit von Parlamenten und Regierungen war die Ursache dafür, dass bis zur Serienbeschaffung eines verbesserten 628 zwölf Jahre ins Land gehen mussten. Die Schatten von Politik und Volkswirtschaft waren nun auch über den Sektor Zugförderung der Nebenbahnen gefallen.

Die Probleme addieren sich

Generell hatte es die Bundesbahn von Anfang an mit schwierigen Verhältnissen zu tun, die sich im Laufe der Zeit noch verschlechterten. Zwar erzielten die neuen Fahrzeuge einige Erfolge – vor allem der Schienenbus besserte die Bilanz vieler Strecken auf. Die grundsätzliche Krise der Nebenbahnen aber wur-

Entwicklung der Nebenbahnen

In den 80er-Jahren fanden die Akkutriebwagen 517 im Westerwald Verwendung: Zwischenstopp in Hadamar, Mai 1981 — D. Beckmann

Vereinfachter Nebenbahndienst bei der DB:

Zugleitbetrieb

Die „Betriebsvorschrift für den vereinfachten Nebenbahndienst" enthielt zusätzliche Bestimmungen zu den allgemeinen Fahrdienstvorschriften (FV). Die DB entwickelte das von den EBO 1905/28/43 zugelassene einfachere System der Zug-, Bahnhofs- und Streckensicherung zeitgemäß weiter. An die Stelle der einzelnen Bahnhofsfahrdienstleiter trat ein Streckenfahrdienstleiter (Zugleiter), der von einem Zugleitbahnhof (Zlbf) aus seinen Streckenabschnitt indirekt überwachte. Eine nach dem Zugleitverfahren betriebene Strecke konnte auch in mehrere Zugleitabschnitte mit ebenso vielen Zugleitern aufgeteilt sein. Zugkreuzungen auf unbesetzten Bahnhöfen hatte der Zugführer des zuerst eingefahrenen Zuges zu regeln. Jeder DB-Zugleitbahnhof musste zumindest Einfahrsignale aufweisen.

Alle übrigen an einer Zugleitstrecke liegenden Bahnhöfe sowie mit Fernsprechern versehenen Haltestellen und Haltepunkte waren Zuglaufstellen (Zlst). Sie blieben in der Regel ohne Personal, konnten aber auch mit Verkehrseisenbahnern bzw. Bahnagenten oder sogar noch mit Betriebs- plus Verkehrseisenbahnern besetzt sein.

Äußerliches Kennzeichen einer Nebenstrecke mit Zugleitbetrieb sind vor allem die Trapeztafeln anstelle der Einfahrsignale. Diese weiße, schwarz geränderte Tafel (DB-Signal Ne 1) befindet sich an einem schwarz und weiß schräg von links unten nach rechts oben gestreiften Pfosten. Außerdem kann die Trapeztafel über dem oberen Rand eine Leuchte aufweisen, mit der das für den Betrieb wichtige Signal „Kommen" (DB-Signal Zp 11, lang-kurz-lang) nicht akustisch, sondern als Blinklicht gegeben werden kann. An die Stelle von Ausfahrsignalen treten bei Zuglaufstellen in der Regel die bekannten Haltetafeln Ne 5 zur Markierung des Halteplatzes der Zugspitze. Weichen und Gleissperren solcher Stationen sind meist ortsbedient.

Der Frontalzusammenstoß zwischen Schienenbus und Güterzug bei Radevormwald 1971 zeigte indes die Grenzen des „vereinfachten Dienstes" auf. In den folgenden Jahren wurde auch auf Nebenbahnen die ständige Kommunikationsmöglichkeit zwischen Bahnhofs-, Lok- und Zugpersonal gefordert und mit dem „Zugbahnfunk" geschaffen. U. ROCKELMANN/A. KNIPPING

de dadurch nicht behoben. Bei ihnen klafften Einnahmen und Ausgaben weit auseinander, viel weiter als bei anderen DB-Sparten.

Es wäre falsch, diese schlechte Position pauschal mit Unfähigkeit oder bösem Willen der DB zu erklären. Vielmehr addierten sich bei den Nebenbahnen die Probleme. In den ersten Nachkriegsjahren war der dortige Zugverkehr noch überlebenswichtig gewesen: Oft stellte er die einzige Verbindung aufs Land her, viele Städter brachten auf diese Weise die dringend benötigen Lebensmittel in die vom Krieg gezeichneten Zentren. Ab der Währungsreform im Juni 1948 jedoch gingen die Uhren anders. Die Versorgungslage besserte sich, der Bedarf an Zugfahrten schrumpfte – und damit die Summe der Einnahmen.

Nun rächte sich auch die dürftige wirtschaftliche Basis mancher Strecken. Je jünger die Klein- und Nebenbahnen waren, umso spekulativer waren ihre Erfolgsaussichten. Nicht jedes Projekt hielt das, was man sich in der Hochkonjunktur der späten Kaiserzeit davon versprochen hatte. Die in den 20er- und 30er-Jahren dazu gekommenen Nebenbahnen wurden von vornherein nicht unter dem Aspekt von Kostendeckung

Hintergrund

Für kurze Strecken und leichte Züge eignete sich der „Glaskasten", ein „Erbstück" der Bayerischen Staatsbahnen. Im Bild Lok 98 307 in Spalt, aufgenommen 1960   P. Kristl/Slg. T. Wunschel

Rationell: Altbau-Triebwagen bedienen in den frühen 50er-Jahren die Nebenbahn Büsum (Holstein) – Neustadt   Slg. H. Brinker

oder gar Gewinn gebaut. Die Reichsbahn und die mit bezahlenden Länder und Kommunen hatten dabei vor allem Strukturförderung in Notstandsregionen und Arbeitsbeschaffung im Auge. So standen die jüngsten Strecken oft auch als erste zur Stilllegung an. Die Linie Beilngries – Kinding im Altmühltal, 1930 eröffnet, verlor 1955 den Personenverkehr; 1970 endete der Betrieb.

War schon die Kalkulation für manche Nebenbahnen zu Zeiten des Pferdefuhrwerks wackelig gewesen, so versetzte ihnen das Auftreten einer leistungsfähigen Konkurrenz den Todesstoß. Ab der Währungsreform 1948 kannte die Ausbreitung des motorisierten Straßenverkehrs keine Grenzen mehr. Steigender Wohlstand ließ den Bestand an privaten Pkw rasant wachsen. Allein von 1950 bis 1960 stieg die Zahl der Lkw von 400.000 auf 700.000, die der Pkw von 0,5 auf 4,5 Millionen! Das Straßenbauförderungsgesetz von 1960 schrieb eine Zweckbindung von 50 Prozent des Mineralölsteuerertrages für den Straßenbau fest. Während die DB ihre Trassen aus dem 19. Jahrhundert um kaum einen Kilometer erweitern konnte, wuchs das bundesdeutsche Straßennetz von 1960 bis 1970 von 368.600 auf 432.400 Kilometer und bis 1980 auf 479.500 Kilometer, das Autobahnnetz im selben Zeitrahmen von 2.550 über 4.100 auf 7.300 Kilometer.

Dem Auto unterlegen

Auf Hauptstrecken konnte die Bahn noch mit höherer Geschwindigkeit punkten: Die 140 km/h (des D-Zugs in den 50er-Jahren), die 160 km/h (teils ab den 60er-Jahren) oder gar 200 km/h (abschnittsweise ab den 70ern) waren im Vergleich zum Auto wirklich attraktiv. Dagegen standen die vielfach gewundenen Nebenbahnen mit all ihren ungesicherten Wegübergängen; auch die modernsten Fahrzeuge durften nicht schneller fahren als 80 km/h, oft sogar nur 60 oder gar 40 km/h. Der Sparkurs, den die Erbauer vieler Linien eingeschlagen hatten, brachte nun weitere Nachteile: Streckenabschnitte auf Dorfstraßen wurden im Zeitalter des anschwellenden Autoverkehrs nicht mehr toleriert, halbstündige Fußmärsche von der Ortsmitte zur außerhalb gelegenen Bahnstation ebenso wenig. Das Interesse von Gebietskörperschaften und Bürgern an „ihrer" Bahn war nicht immer so eindeutig, wie es wehmütige Abschiedstransparente an den Loks des jeweils letzten Zuges glauben machten. Vielerorts hatten schon die Straßenbauer begehrliche Blicke auf die Bahntrasse geworfen.

Die Versuche, Schienen- und Straßenverkehr zu kombinieren, waren technisch und wirtschaftlich glücklos. So blieb der „Schiene-Straße-Bus", der einen Teil des Laufwegs mit seinen Gummireifen auf Schienen fuhr, eine Kuriosität am Rande. Die Weiterbeförderung von Güterwagen vom Bahnhof zum Kunden auf dem „Culemeyer"-Tieflader war höchst unrentabel.

Der Zuschnitt des Nebenbahn-Publikums wandelte sich. Anfang der 50er-Jahre fuhren noch Geschäfts- und Dienstreisende, Kurgäste und Urlauber mit; dann verschob sich das Gewicht immer mehr zu jenen, die ohne Auto blieben: Schüler, Rentner und – mit sinkender Tendenz – Marktfrauen. Ab den 70er-Jahren kamen Eisenbahnfans und Leute hinzu, die bewusst auf das Auto verzichten wollten; diese Gruppen wa-

Einer der wenigen Neubauten auf Nebenstrecken war die Brücke über den Biggetalstausee zwischen Finnentrop und Olpe; im Juli 1967 passiert ein Schienenbus VT 95 das Bauwerk   T. Horn

Entwicklung der Nebenbahnen

Nebenbahn-Nostalgie im Mai 1985: Vor dem malerischen Stadtbild von Dinkelsbühl konnte man noch einen Akkutriebwagen 515 samt bayerischem Formsignal „erwischen" D. Beckmann

„Anti-Anschlüsse" bei der Bundesbahn

In einigen Fällen machte die Bundesbahn sich und den Nebenbahn-Reisenden zusätzlich das Leben schwer – durch ungünstige Anschlüsse. Zwei Beispiele der Itzgrundbahn von Breitengüßbach nach Dietersdorf, die 1975 ihren Reise- und 1982 ihren Güterverkehr verlor, zeigen dies.

Winterfahrplan 1965/66

Der werktägliche Frühpersonenzug P 3240 aus Dietersdorf kam im Bahnhof Bamberg planmäßig um 6.03 Uhr an und verpasste zwei machbare Anschlüsse: Um 6.01 Uhr verließ der P 1803 den Bahnhof Bamberg in Richtung Schweinfurt – Würzburg, um 6.05 Uhr der Schienenbus Pto 4148 nach Forchheim. Zwei Minuten Übergang reichten zum Umsteigen in der Regel nicht aus. Mit nur etwas gutem Willen (geringfügig frühere Abfahrt des P 3240 in Dietersdorf und/oder leichte Beschleunigung des Zuges) hätte man die Anschlüsse problemlos gewährleisten können.

Winterfahrplan 1970/71

Der stets gut besetzte E 1885 aus Würzburg kam in Bamberg täglich um 19.27 Uhr an, während der Nto 3251 nach Dietersdorf täglich außer samstags bereits drei Minuten zuvor Bamberg verlassen hatte. Um den Anschluss doch noch zu erhalten, mussten die betreffenden Fahrgäste unnötigerweise doppelt umsteigen: In Bamberg zunächst in den Nto 3217 nach Maroldsweisach (Bamberg ab 19.31 Uhr), dann konnte acht Kilometer weiter im Bahnhof Breitengüßbach der dort sieben Minuten wartende (!) Dietersdorfer Zug Nto 3251 mit planmäßig zwei Minuten Übergang (Abfahrt 19.40 Uhr) erreicht werden. Es wäre leicht gewesen, die beiden Schienenbusgarnituren nach Maroldsweisach und Dietersdorf bis Breitengüßbach in Planlage des Nto 3217 vereinigt fahren zu lassen. Bei der Mittagsverbindung (Bamberg werktags außer samstags ab 13.30 Uhr) wurde dies pikanterweise praktiziert. ULRICH ROCKELMANN

So bunt war der Nebenbahn-Fahrzeugpark anno 1966: Eine 50er mit DB-Umbauwagen, Stahl-Abteilwagen, einer Donnerbüchse und einem Packwagen im Bahnhof Arolsen J. A. Bock

ren aber viel zu klein, um die Bilanz der Nebenbahnen aus den tiefroten Zahlen zu holen. Ein lukratives Massengeschäft gab es nicht. Ähnliches galt für den Güterverkehr, der sich meist auf Stückgut und Wagenladungen beschränkte, damit aber immerhin noch die eine oder andere Strecke im Bestand hielt.

Ende im Personenverkehr

Teilweise versuchte die DB, durch weitere Rationalisierungen wie den Zugleitbetrieb den Abwärtstrend aufzuhalten oder zumindest zu verlangsamen. Doch in vielen Fällen blieb ein sattes Minus, erst recht, wenn zur Streckener-

Der 627 sollte den Schienenbus ersetzen. Doch zögerliche Politiker verhinderten eine Beschaffung in größerer Stückzahl (Aufnahme in Schenkenzell) K.-J. Vetter

Hintergrund

Der Güter- und Militärverkehr bewahrte manche Strecke vor der Gesamtstilllegung; Rangierarbeiten in Schönsee (Oberpfalz), 1981   U. Kandler

Im DB-Auftrag fuhr die Ilmebahn die Personenzüge Einbeck Mitte – Salzderhelden, hier 1982 mit Ilmebahn-V-65 in Einbeck D. Beckmann

haltung hohe Investitionen notwendig wurden. Betriebseinstellungen hatte es schon zu Reichsbahnzeiten gegeben, und die Bundesbahn setzte dies fort. So endete der Personenzugdienst
1950 auf   2,5 km
1951 auf 57,0 km
1952 auf 97,1 km
1953 auf 53,4 km
Im selben Jahr 1953 untersuchte die DB ihr Nebenbahnnetz von 11.706 Kilometern Länge und gelangte zu folgender Differenzierung:
  79 Nebenbahnen rentabel
334 Nebenbahnen verkehrswichtig, wenn auch nicht unbedingt rentabel
  69 Nebenbahnen stilllegungswürdig.
Noch schreckte die Politik vor Stilllegung und Abbau von Nebenbahnen mit Ausnahme von Schmalspurbahnen zurück. Doch die Einstellung des Per-

sonenverkehrs schien zum Patentrezept zu werden, zumal sich die DB von solchen Verbindungen nicht trennte, sondern den Verkehr mit eigenen Bussen weiterführte. Von 1954 bis 1964 verloren 2.530,9 Streckenkilometer ihren Personenverkehr. 1965 teilte die DB mit, sie habe inzwischen 2.019 Kilometer Eisenbahnstrecke durch 2.908 Kilometer Bahnbuslinien ersetzt. Dieses Jahr 1965 war bezüglich der Rücknahme des Personenverkehrs ein Jahr der Windstille mit nur 8,5 Kilometern Einstellung. Dann brach der Sturm erneut los: Die DB verabschiedete ihre Personenzüge
1966 – 1970 auf 1.306 km
1971 – 1975 auf 1.656 km
1976 – 1980 auf 1.045 km
1981 – 1985 auf 1.765 km

Mancherorts entstand dabei doch der Eindruck, die Bundesbahn treibe die Stilllegung einer Strecke mutwillig voran. So wurden Anschlüsse an oder von Hauptbahnen nicht gewährt, was die Attraktivität des Zugangebots minderte. Jahrzehntelang hatte die DB immer wieder die Auslastung jedes einzelnen Zuglaufs untersucht, schließlich auf einigen Nebenbahnen nur ein Schüler- und ein Arbeiterzugpaar belassen – und dann den Nachweis geführt, dass für einen Verkehr mit vierstündigen Pausen und Feierabend um 17 Uhr die Kund-

Pause für den Fahrdienstleiter in Buchen (Strecke Miltenberg – Seckach, 1989)   MHZ

Entwicklung der Nebenbahnen

Doppelgleisige Nebenbahnen

Meist verlaufen Nebenbahnen eingleisig. Doch es gibt auch zweigleisige Ausführungen, wenngleich meist auf kurzen Abschnitten. Zum einen sind dies Bahnlinien, die man vor dem Ersten Weltkrieg aus strategischen Gründen doppelgleisig ausgebaut hat, namentlich in der Eifel. Nach dem Zweiten Weltkrieg wurden sie meist auf ein Gleis zurückgebaut; ein doppelgleisiger Restabschnitt besteht noch bei der Ahrtalbahn zwischen Remagen und Walporzheim. Die zweite Kategorie umfasst stark belastete Abschnitte, die teils von Zügen mehrerer Relationen befahren wurden (etwa Limburg – Staffel von den Zügen nach/von Montabaur bzw. Westerburg). Um 1959 betrieb die DB folgende zweigleisige Nebenbahnabschnitte:

239 f	Fröndenberg – Menden (4,6 km)	
240 b	Osberghausen – Gummersbach (10,2 km)	
247 f	Stolberg Hbf – Stolberg Hammer (3,8 km)	
248 g	Remagen – Walporzheim (15,7 km)	
251 e/m	Limburg – Staffel (5,3 km)	
279 d	Pirmasens Nord – Pirmasens Hbf/Bf-Teil Gbf (5,8 km)	
401 c	München Isartalbf – Höllriegelskreuth (elektrischer Betrieb, 9,3 km)	
429 d/e	München Ost – München-Giesing (2,2 km)	

Jener Abschnitt ist 1971 elektrifiziert und 1972 zur Hauptbahn aufgestuft worden.

Einen Sonderfall gab es in Pirmasens. Die steile, als Nebenbahn kategorisierte Stichstrecke von Pirmasens Nord hinauf nach Pirmasens Hbf war zu Reichsbahnzeiten an der Grenze ihrer Leistungsfähigkeit angelangt und erhielt 1939 ein zweites Gleis. Aus topografischen Gründen verlief dieses jedoch nicht direkt neben dem alten, sondern etwas abseits und überwiegend auf anderem Höhenniveau. Dieser Zustand währte bis 1985.

ULRICH ROCKELMANN

Freude auf die Nebenbahnfahrt: Junge Reisende im Schienenbus 1992 D. Höllerhage

schaft ausblieb. Zum Teil zogen auch parallel eingesetzte Bahnbusse Fahrgäste von der Schiene ab. Die „Angebotsumstellung", wie das Kursbuch den Wechsel von Bahn auf Bus nannte, war in solchen Fällen nur eine Frage der Zeit.

Ende des Gesamtverkehrs

Ab 1954 wurde bei immer mehr Nebenbahnen eine noch radikalere Lösung praktiziert: die Einstellung des Gesamtverkehrs. Kritik von Außenstehenden gab es nicht. Für Verkehrs- und Finanzwirtschaft galten „Gesundschrumpfung" und „Rückzug aus der Fläche" als Zauberformeln für die Erhaltung eines kostendeckenden Rest-Eisenbahnnetzes. So wurden denn gänzlich stillgelegt:

1954 – 1958: 161 km
1959 – 1963: 413 km
1964 – 1968: 388 km
1969 – 1973: 945 km
1974 – 1978: 556 km
1979 – 1983: 430 km

Zuständig für Stilllegungen war übrigens der Bundesverkehrsminister, der auf Vorschlag des Verwaltungsrats der DB entschied. Die betroffenen Bundesländer mussten angehört werden. Weil dieses Verfahren aus politischen Gründen nicht immer funktionierte, waren die Bundesbahndienststellen recht erfinderisch in der Durchsetzung von de-facto-Stilllegungen. Wegen der oftmals auffallend termingerechten Entdeckung schwerer Mängel an einer Brücke oder einer Stützmauer konnte kurzerhand „Schienenersatzverkehr" verfügt werden, bis die Bahnstrecke in ganzer Länge zum Sanierungsfall geworden war.

Gestutztes Netz

Jahr um Jahr wurde indes deutlicher: Das Defizit der DB resultierte nicht nur aus den Verlusten bei den Nebenbahnen, sondern entstand in fast allen Geschäftszweigen. Es wurde durch die Netzverkleinerung genau so wenig wie durch alle anderen Rationalisierungsbemühungen gemindert. Die Personal- und Pensionskosten stiegen, die Marktanteile stagnierten. Der Eisenbahnverkehr wurde als Zeitbombe für die Staatsfinanzen erkannt, und diese Warnung fiel in den 70er- und 80er-Jahren zusammen mit der endlich reifenden Erkenntnis, dass der Schienenverkehr zur Begrenzung der Autoflut mit ihren ökologischen Folgen unverzichtbar ist. Tiefgreifende Änderungen aber blieben aus, selbst wenn einzelne Bundesländer mit der DB in den 80er-Jahren Abkommen über die weitere Netz- und Fahrplanentwicklung schlossen. So lautete die Bilanz von 34 Jahren Stilllegung:

Betriebslänge   31.12.1950: 30.503 km
                01.01.1965: 30.510 km
                01.01.1975: 28.830 km
                01.01.1985: 27.770 km

Innovationsversuche wie die CityBahn, eine Art Zubringer mit umgebauten Silberling-Wagen, fanden in dieser Form keine Verbreitung. Letztlich war das Bild der Nebenbahnen beim Übergang der Bundesbahn zur Deutschen Bahn AG 1993/94 ziemlich ernüchternd – und das Netz abseits der Ballungsräume stark ausgedünnt. Im internationalen Vergleich aber stehen die DB und die politisch Verantwortlichen damit nicht allein. In Frankreich, England, Italien oder Österreich ging es den kleinen Strecken in der Provinz keinen Deut besser als in Deutschland.

ANDREAS KNIPPING

Nebenbahnbetrieb der späten DB-Jahre: In Beienheim in der Wetterau begegnen sich 1993 ein 628 und ein Wendezug A. Burow

Strecken und Betrieb

■ Mit dem GmP 8243 nach Bärnau

Ostbayern mal anders ...

Noch 1969 gab es in der Oberpfalz Güterzüge mit Personenbeförderung. Doch der GmP konnte allenfalls Eisenbahnfans begeistern, für die Fahrgäste war er nicht mehr attraktiv. Auch nicht auf der Strecke Wiesau – Tirschenreuth – Bärnau

Wiesau – Bärnau

Nebenbahnbetrieb 1969: Der GmP 8243 aus Wiesau ist im Unterwegsbahnhof Tirschenreuth eingetroffen. Die Bahnhofs-Köf hat für eine halbe Stunde Pause. Der Zugführer macht sich auf den Weg zum Fahrdienstleiter, um die nötigen Rangierfahrten zu besprechen; derweil lagern zwei Eisenbahner das im Packwagen mitgeführte Expressgut für Tirschenreuth auf dem Bahnsteig. Perfekt wird die ländliche Idylle durch die Kuh, die auf der Rampe rechts wartet   R. Löttgers

Strecken und Betrieb

Ankunft im Zielbahnhof Bärnau an der Waldnaab, der nur spartanische Gleisanlagen besitzt (oben). Unten der Verlauf der Strecke   R. Löttgers (4)

Ländliche, dünn besiedelte Gebiete – das ist die Oberpfalz. In dieser Region, abseits der großen Verkehrsströme, hielt sich länger als anderswo die gemischte Zugform, jener „Güterzug mit Personenbeförderung" oder kurz GmP. Im Kursbuch erkannte man ihn an den 8000er- oder 9000er-Zugnummern und an den längeren Fahrzeiten. Gelegentlich gab es noch die Fußnote: Zug kann xx Minuten früher abfahren. Auf fast allen Nebenstrecken in Nordostbayern war in den 60er-Jahren ein solches Zugpaar im Plan, neben den allgegenwärtigen Schienenbussen und den mit Dampfloks der Baureihen 64 oder 86 bespannten Personenzügen. Auch auf der Kursbuchstrecke (KBS) 425 h Wiesau – Tirschenreuth – Bärnau.

Der GmP 8243 hatte hier Tradition. Es gab ihn schon unmittelbar nach dem letzten Krieg. 1949 zum Beispiel enthielt die Fahrplantabelle acht Züge mit Zugnummern im Bereich 8241-8250, drei von ihnen auf der gesamten, 24,3 Kilometer langen Strecke unterwegs, die restlichen bis und ab Tirschenreuth. Darunter jenen GmP 8243, Wiesau ab 7.10 Uhr, Tirschenreuth ab 7.48 Uhr, Bärnau an 8.55 Uhr. Darüber hinaus verkehrten täglich fünf lokbespannte reine Personenzüge, Fahrzeit zirka eine Stunde.

Bei einer Strecke wie Wiesau – Bärnau war dies ein geradezu luxuriöses Zugangebot. Für die DB lohnte sich nämlich nur der Abschnitt Wiesau – Tirschenreuth, das waren die ersten elf Kilometer. Grundlage für deren Bau bildete das „Vicinalbahngesetz" vom 29. April 1869; die Strecke wurde am 10. November 1872 eröffnet. Dagegen war die Fortsetzung bis Bärnau noch nicht einmal im ersten (1882), sondern erst im sechsten bayerischen Lokalbahngesetz vom 30. Juni 1900 beschlossene Sache. Weitere drei Jahre, bis zum 6. Juli 1903, dauerte es dann noch, ehe die Dampflok D XI Nr. 2720 den festlich geschmückten Eröffnungszug Richtung Bärnau ziehen konnte.

Geldquelle Güterverkehr

Die Baureihe D XI, bei der Deutschen Reichsbahn eingereiht als 98 411-556, blieb bis weit in die 30er-Jahre Stammlok auf der Bärnauer Strecke. Abgelöst wurde sie von 64ern und 86ern, die sich dann seit den 60er-Jahren den Güterverkehr mit der Diesellok V 60 (später auch V 90 und V 100) teilten, während der Personenverkehr in den 50er-Jahren auf Uerdinger Schienenbusse überging.

Mehr als drei Viertel der Verkehrseinnahmen erbrachte über Jahrzehnte hinweg der Gütertransport. Zwar handelte

es sich hierbei durchweg um Produkte der Land- und Forstwirtschaft, um Güter also, die zu günstigen Tarifen befördert wurden, aber bei 100.000 und mehr Tonnen im Jahr war auch dies noch rentabel.

Hinzu kam der Kaolintransport. Unweit des Haltepunktes Schmelitzhöhe, auf halber Strecke zwischen Tirschenreuth und Liebenstein gelegen, wurden zwei Kaolinvorkommen ausgebeutet, die zur Grundlage für die Tirschenreuther Porzellanindustrie wurden. Die Lokalbahn stellte die notwendige Verbindung her.

Dank seiner Industrie entwickelte sich Tirschenreuth deutlich günstiger als Bärnau, die zweite Stadt im Einzugsgebiet der Lokalbahn. Mitte der 60er-Jahre waren in Tirschenreuth über 1.000 Menschen in der Porzellan-, Keramik- und Tonwarenindustrie beschäftigt, hatte die Kreisstadt 8.500 Einwohner. Bärnau hingegen, fünf Kilometer von der tschechischen Grenze entfernt, dümpelte bei 2.000 Einwohnern vor sich hin. Einziger nennenswerter Industriezweig war die Knopfherstellung.

Drei Stunden in der „Donnerbüchse"

Am 3. April 1969 benutzen nur noch wenige Menschen im Umkreis der KBS 425 h den Zug. Die Fahrplanmacher der BD Regensburg haben dieser Tatsache längst Rechnung getragen. Von den täglich fünf Schienenbuspaaren Wiesau – Bärnau, wie sie der Sommerfahrplan 1960 noch verzeichnete, sind allein zwei übrig geblieben, werktags am frühen Nachmittag und am Abend, dazu sieben Paare bis und ab Tirschenreuth. Und eben jener GmP 8243/8244. Dieser allerdings ist für Normalsterbliche so unattraktiv, dass er nur noch bis und ab Tirschenreuth in der Fahrplantabelle erscheint, obwohl der Personenwagen der Gattung Bi, eine der letzten noch aktiven „Donnerbüchsen", die ganze Strecke über im Zug bleibt. Zugreisende nach Bärnau werden auf den in Tirschenreuth wartenden Anschlussbus der DB verwiesen.

Der Begriff „Donnerbüchse" deutet bereits auf die markanten Fahrgeräusche hin. So nannte man die zweiachsigen Einheitsdurchgangswagen der Deutschen Reichsbahn-Gesellschaft (DRG) aus den 20er-Jahren, die schrittweise den bunten Wagenpark der Länderbahnen ablösen sollten. In Wiesau sind im Frühjahr 1969 noch drei solcher Wagen stationiert, die bei Bedarf auch hinter einer 64er als Schienenbus-Ersatz Verwendung finden. Die „Donnerbüchse" im GmP 8243/8244 ist der 84 865 Reg, ein „Biw": zweiachsig, offene Übergänge,

Rangierverkehr im Tirschenreuther Güterbahnhof, aufgenommen am 3. April 1969: Links im Bild die Draisine der Bahnmeisterei, rechts das Lagerhaus der Agrargenossenschaft

In Liebenstein geht die V 60 vom Zug und holt einen Wagen aus dem Nebengleis

gepolsterte Sitze, geliefert 1928/29 von Steinfurt in Königsberg.

Zuglok ist an jenem 3. April die 260 244-9 des Bw Hof, damals natürlich noch in Altrot lackiert. Pünktlich zur Abfahrt um 9.10 Uhr hat sie mit ihrer malerischen Fuhre am äußersten Bahnsteig in Wiesau Aufstellung genommen: hinter der Lok der Biw, ein Güterzug-Packwagen, ein offener Güterwagen, ein gedeckter Güterwagen und ein weiterer offener Güterwagen, dieser mit einer Plane abgedeckt.

Drei Eisenbahner sind damit beschäftigt, den GmP 8243 nach Bärnau und wieder zurück zu bringen: Lokführer, Zugführer und Rangierer. Bis Tirschenreuth befinden sich tatsächlich noch einige wenige Mitreisende im Zug, für die der Ausblick auf die vielen Teiche links der Bahnstrecke vermutlich längst zum gewohnten Bild gehört. 16 Minuten dauert die Fahrt, drei Minuten länger als mit dem Schienenbus.

Die Kuh auf der Rampe

In Tirschenreuth wird der Zug neu gemischt. Der Zugführer begibt sich zum Fahrdienstleiter, vorbei an der Bahnhofs-Köf, deren Bediener bis zur Aus-

Strecken und Betrieb

Wiesau wurde von der Bayerischen Ostbahn mit einem prachtvollen Empfangsgebäude ausgestattet; vor diesem wartet der GmP 8243 am 3. April 1969 auf das Zeichen zur Abfahrt

fahrt des GmP 8243 pausiert. Sämtliche vier Bahnhofsgleise sind besetzt. An der Seitenrampe wird Holz geladen, zwei Meter lange Fichtenstämme, vielleicht 30 Jahre alt, die senkrecht in offene Güterwagen
gestellt werden, natürlich von Hand, Stamm für Stamm. Schwere Arbeit. Aber wenigstens Arbeit.

Und dann ist da noch die Kuh. Irgendwer hat sie auf der Rampe angebunden. Direkt neben dem Holzstapel. Da steht sie nun, einfach so, und wartet auf den Viehwagen oder darauf, von ihrem Besitzer abgeholt zu werden.

Die V 60 setzt derweil ihre drei letzten Wagen ab, nimmt einen gedeckten Güterwagen auf und setzt den leeren offenen Güterwagen an den Zugschluss. Nach einer halben Stunde Warten und Rangieren geht die Fahrt weiter, vorbei an der Draisine der Tirschenreuther Bahnmeisterei, einer Klv-12, die an einem Gleisstumpf geparkt ist, gegenüber der Halle der landwirtschaftlichen Genossenschaft, wo etliche gedeckte Güterwagen auf ihre Entladung warten.

Ohne Halt bis Bärnau

Nach einer scharfen Rechtsbiegung folgen fast fünf Kilometer schnurgerade Strecke. Der Zug hält weder an der Ladestelle Schmelitzhöhe, deren gleichnamiger Personenhaltepunkt auch von den Schienenbussen mittlerweile nicht mehr bedient wird, noch in den folgenden Bahnhöfen. Die Strecke steigt kontinuierlich an, 525 Meter über Meereshöhe sind es in Liebenstein, 550 Meter in Schwarzenbach, 590 Meter in Iglersreuth, und auf diesem Niveau bleibt die

Bahn bis zum Endpunkt. Die Strecke macht eine Biegung nach links, wo in der Ferne die Dächer eines Dorfes erscheinen, dann wieder nach rechts, weil dort das nächste Dorf liegt, und jedes Mal wendet sich das Gleis dann einen halben oder sogar einen ganzen Kilometer vor dem Dorf wieder ab, peilt die nächste Siedlung an. Immer sind es, auch schon in Tirschenreuth, ein Kilometer Fußweg bis ins Ortszentrum, liegt der zugehörige Bahnhof weitab der Siedlung, deren Namen er trägt.

Attraktive Bahngebäude

Dabei sind es schöne Gebäude, die da in Liebenstein oder Iglersreuth stehen, zweigeschossig mit Walmdach, die Ecken der verputzen Häuser durch Sandsteine hervorgehoben, ebenso die Fensterumrandungen. Zu jedem Bahnhof gehört ein weit ausladender Güter-

schuppen, der reichlich Platz bietet. Es ist 10.30 Uhr, als der GmP 8243 in Bärnau auf Gleis 2 vor dem Empfangsgebäude zum Stehen kommt. Bärnau mag ein verschlafenes Nest sein, dessen Silhouette sich in einiger Entfernung am Horizont abhebt, aber zumindest der Bahnhof „lebt". Nur das Zollamt, das früher im Empfangsgebäude residierte, hat mittlerweile geschlossen. An der Ladestraße auf Gleis 1 warten drei gedeckte Güterwagen auf ihre Abholung. Auf der Rampe von Gleis 3 sind in den Tagen zuvor einige Fuhren Fichtenholz abgeladen wollen, Schwachholz für die Papierfabrik, das in dem aus Wiesau herangebrachten offenen Güterwagen abgefahren werden soll.

Nachdem Express- und Stückgut ausgeladen sind, beginnt das Rangieren. Drei lange Bahnhofsgleise gibt es, die allesamt stumpf enden. Gleis 1 führt vorbei an der Ladestraße (mit 30-Tonnen-Waage) bis zum Güterschuppen, der an das Empfangsgebäude anschließt. Gleis 2 ist zugleich Bahnsteiggleis, das parallel liegende Gleis 3 Ladegleis mit Seitenrampe.

Ein einziges Weichenpaar gestattet innerhalb des Bahnhofsbereichs den Wechsel von Gleis 2 (Bahnsteig) nach Gleis 3 (Seitenrampe). Das Auflösen des Zuges aus Richtung Wiesau verlangt deshalb einiges Hin- und Herfahren: Zurücksetzen, Zug auf Gleis 2 „parken", Zug umfahren, den offenen Güterwagen abziehen und auf Gleis 3 an die Rampe schieben, die drei gedeckten Güterwagen von der Ladestraße auf Gleis 1 holen, statt ihrer den gedeckten Güterwagen aus Wiesau auf Gleis 1 bis an den Güterschuppen drücken und dann den Zug für die Rückfahrt zusammenstellen.

Zwei Güterwagen hin – fünf zurück

Um 11.00 Uhr kehrt wieder Ruhe auf dem Bärnauer Bahnhof ein, macht sich der GmP 8244 auf die Rückreise: V 60, drei gedeckte Güterwagen, der Bi und der Packwagen. Der Haltepunkt Thanhausen wird durchfahren. An der Ladestraße in Iglersreuth kommt dann ein weiterer gedeckter Güterwagen an den Zug. Der Bahnhof wirkt verlassen, ist schon in den 30er-Jahren bahnamtlich zur „Haltestelle" degradiert worden. Noch allerdings waren hier keine Vandalen am Bahnhofsgebäude am Werk. Die Scheiben sind allesamt heil, obgleich niemand mehr die Dienstwohnung im Obergeschoss zu bewohnen scheint. Schwarzenbach, ebenso heruntergestuft wie Iglersreuth, hat nichts für den heutigen GmP.

Etwas mehr Leben dann in Liebenstein, obwohl auch der dortige Bahnhof (früher IV. Klasse) seit den 50er-Jahren als „Haltestelle" geführt wird. Am Ladegleis gilt es einen gedeckten Güterwagen aufzunehmen. Zehn Minuten später ist Tirschenreuth wieder erreicht. Um 11.50 Uhr geht es weiter nach Wiesau, Ankunft nach Plan um 12.08 Uhr.

Streckentod auf Raten

Lange Zeit hat der Betrieb nicht mehr Bestand. Der Personenverkehr zwischen Tirschenreuth und Bärnau endet mit Ablauf des Sommerfahrplans am 27. September 1975. Der 13,28 Kilometer lange Abschnitt wird bis Anfang der 80er-Jahre weiterhin von einer werktäglichen Übergabe mit V 60 (bzw. 260) bedient, jedoch nichts mehr an der Strecke getan. Offizielles Ende für Liebenstein–Bärnau (8,33 Kilometer Länge) ist der 31. Dezember 1984. Im Laufe des Jahres 1986 wird die Strecke abgebaut.

Auf den verbliebenen 16,0 Kilometern ab Wiesau findet weiterhin regelmäßiger Güterverkehr statt, werktags zwei Zugpaare mit 260 oder 211/212 (V 100). Das Erste von ihnen wird planmäßig bis Liebenstein durchgeführt, während die nachmittägliche Übergabe nur bei Bedarf über Tirschenreuth hinaus verkehrt. Mitunter gibt es beachtlich lange Züge mit Stammholz ab Bahnhof Liebenstein.

Dies ist inzwischen Geschichte. Am 1. August 1995 werden die fünf Kilometer Strecke bis Liebenstein ebenfalls stillgelegt, sodass die nunmehrige KBS 856 wieder auf die 11,02 Kilometer „Vicinalbahn" von 1872 reduziert ist.

DR. ROLF LÖTTGERS

Die Arbeit mit GmP 8243 ist getan; nun heißt der Zug GmP 8244 und tritt in Bärnau die Rückfahrt an. Im Hintergrund die 600 Jahre alte Kleinstadt (3. April 1969)   R. Löttgers (2)

Strecken und Betrieb

Die Gebirgsnebenbahn Goslar – Altenau
Die Unvergessene im Harz

Auch 30 Jahre nach Einstellung des Zugverkehrs ist sie nicht vergessen: die einzige normalspurige Nebenbahn, die bis ins Zentrum des Harzes fuhr. Mitte der 70er-Jahre fiel die faszinierende Strecke dem Stilllegungswahn der Bundesbahn zum Opfer

Eigentlich ist die Bezeichnung Goslar – Altenau nicht ganz richtig, denn die Harzbahn beginnt erst im Bahnhof Langelsheim an der Hauptbahn Goslar – Kreiensen. Doch auch in alten Kursbüchern ist die „204 b" als Strecke Goslar – Altenau zu finden; mit Recht, denn der Zugverkehr auf der auch Innerstetalbahn genannten Nebenbahn war immer bis Goslar durchgebunden.

Projektiert und gebaut wurde die Bahn zum einen für den Ferienverkehr in den Harz, zum anderen als Transportmittel für die im Raum Lautenthal/Clausthal-Zellerfeld abgebauten Bodenschätze. Hier gab es verschiedene Erz-, Silber- und Bleihütten. Noch heute existiert in Clausthal-Zellerfeld eine Bergbau-Universität!

In Etappen eröffnet

Im November 1875 wurde der Betrieb von Langelsheim bis Lautenthal aufgenommen, wenig später fuhr man bis Frankenscharrnhütte, und am 15. Oktober 1877 war mit Clausthal-Zellerfeld der vorläufige Endpunkt der Bahn erreicht. Hier entstand auch ein Lokschuppen samt Behandlungsanlagen. Das Teilstück in den Wintersportort Altenau konnte erst am 1. Mai 1914 eröffnet werden – als Besonderheit wies Altenau eine 16-Meter-Drehscheibe auf, groß genug für die eingesetzten Tenderloks.

Der allergrößte Teil der 33,7 Kilometer langen Strecke zwischen Langelsheim und Altenau verlief in Neigungen und Kurven. Lag der Bahnhof Langelsheim nur auf 208 Meter über Meereshöhe, so erreichte die Strecke unweit Clausthal Ost mit 571 Metern über Meereshöhe ihren höchsten Punkt. Besonders zugkräftig mussten die eingesetzten Fahrzeuge sein: Zwischen Altenau und Clausthal Ost gab es auf einer Länge von 2,4 Kilometern konstant eine 30-Promille-Steigung. Zahlreiche Stahl- und Steinbrücken sowie ein 278 Meter langer Tunnel bei Wildemann machten aus der Strecke eine prächtige Gebirgsbahn.

Neben verschiedenen Umbenennungen von Bahnhöfen im Laufe der Jahre ist eine größere Infrastrukturmaßnahme zu erwähnen. Der Bau der Innerstetalsperre 1963/64 bedingte eine Veränderung des Streckenverlaufs. Der Bahnhof Lindthal und die Güterverladestelle Trogthal versanken im Staubecken, die an den Rand des Stausees umgeleitete Strecke erhielt mit „Innerstetalsperre" einen neuen Haltepunkt.

Schrittweises Ende

Doch kurz danach setzte das langsame Sterben der Harzbahn ein: 1967 wurden die Hütten in Clausthal-Zellerfeld und Lautenthal geschlossen, der Güterverkehr hatte deutliche Einbußen hinzu-

links **Typischer Winterbetrieb im Harz: Im Januar 1955 steht die 93 1055 mit ihrem Personenzug im Bahnhof Altenau** Slg. B. Rampp

rechts **Blick von der Heizerseite einer 93er in den Bahnhof Altenau; hinten links geht es zu der Drehscheibe** L. Rotthowe

nehmen. Eine weitere Einschränkung erfolgte am 1. Januar 1970, als der Stückgutverkehr auf der gesamten Strecke eingestellt wurde. In jener Zeit tauchten auch erste Stilllegungsgerüchte auf, die DB wolle diese Zweigstrecke mit ihren zahlreichen Kunstbauten los werden – bei weiterhin reger Inanspruchnahme der Reisezüge, die Schüler, Berufstätige und viele Touristen in den Oberharz beförderten.

Trotz umfangreicher Proteste war am 29. Mai 1976 Schluss: Ein Hildesheimer 515 (ETA 150) fuhr den letzten Reisezug, zeitgleich wurde der noch verbliebene Güterverkehr eingestellt – Holz wurde jetzt eben per Lkw durch den Harz kutschiert … Mehr als ein Jahr später genehmigte die BD Hannover eine Abschiedsveranstaltung auf der Harzbahn – unter der Bedingung, dass die noch immer aktiven Bürgerinitiativen endlich ihren Kampf um den Verbleib der Bahn einstellten. So rollten am 15. und 16. Oktober 1977 bei herrlichem Herbstwetter noch einmal Dampfzüge zwischen Goslar und Altenau, gezogen von der hier völlig unpassenden 41 096 mit Ölfeuerung. 1978/79 wurde die Strecke dann abgebaut. Ironie des Schicksals: 290 362 rollte zwischen Lautenthal und Wildemann mit Schwung ins Schotterbett – eifrige DB-Mitarbeiter hatten bereits ein Stück Gleis entfernt, über das der Abbauzug fahren sollte … Noch heute kann man die Magie der Harzbahn erahnen: Weite Teile der Strecke dienen als Wander- oder Radweg, und auch einige Bahnhofsgebäude blieben erhalten.

Die Lokomotiven für die Harzbahn stellte das Bw Goslar, die Harzbahn war eine typische Tenderlok-Strecke: Die Loks der Baureihe 91$^{3-18}$ genügten schon in den 30er-Jahren nicht mehr den Anforderungen, ersetzt wurden sie durch 64er, 86er und vor allem 93er. Selbst die Giganten der Baureihe 95 durften sich ein paar Jahre lang auf der Harzbahn austoben!

Kurvig und steil

Den besonderen Status der Strecke als „Gebirgsbahn" belegt auch die Tatsache, dass zahlreiche „Langenschwalbacher" auf der Strecke fuhren: leichte, vierachsige Reisezugwagen, gebaut für den Dienst auf steigungsreichen und kurvigen Nebenbahnen. Da die Zugdichte auf der Harzbahn immer relativ hoch war, konnte auf überschwere Züge mit Vorspann- oder Schubbetrieb weitgehend verzichtet werden. Die Lokbaureihe 94 wurde erst durch Eisenbahnfreunde-Sonderfahrten auf der Innerstetalbahn heimisch, die 50er hingegen fuhren im Güterverkehr und bis 1975 auch vor dem Reisebüro-Sonderzug „Harzer Roller". Die V 100 war in den letzten Betriebsjahren auf der Harzbahn regelmäßig anzutreffen. Die „moderne Traktion" hielt 1955 mit dem Schienenbus VT 98 Einzug, später bewährten sich auch die Akkutriebwagen ETA 150 auf der Harzbahn. Ein letztes Highlight gab es Mitte der 70er-Jahre, als das Bw Braunschweig seine werksneu angelieferten 627 planmäßig nach Altenau fahren ließ. Noch einmal kam die Strecke damit zu Ehren, denn man wollte so die Bergtauglichkeit der Fahrzeuge erproben …   MARTIN WELTNER

Daten im Überblick

Strecke:	Goslar – Altenau (KBS 204 b/242)
Spurweite:	1.435 mm
Streckenlänge:	33,7 km
Eröffnung:	Nov. 1875 Langelsheim – Lautenthal
	15.10.1877 Lautenthal – Clausthal-Zellerfeld
	01.05.1914 Clausthal-Zellerfeld – Altenau
Größte Neigung:	1:30
Stilllegung:	29.05.1976

Streckenkarte, Stand 1949: Nahe der innerdeutschen Grenze verläuft die Linie 204 b von Goslar nach Altenau GN

Zuletzt fuhren 515er auf der Strecke (Bahnhof Clausthal-Zellerfeld, Mai 1976) J. Krantz

Strecken und Betrieb

■ Zahnrad-Nebenbahnen der DB

Die Anspruchsvollen

Besondere Fahrzeuge brauchte die Bundesbahn für ihre Nebenstrecken mit Zahnradbetrieb. Doch auch diese konnten die Linien Erlau – Wegscheid und Honau – Lichtenstein nicht retten

Zwischen Erlau und Wegscheid nutzten die Züge eine Zahnstange des Systems Strub

Die Lokalbahn Erlau – Wegscheid (ex Kursbuchstrecke 426 v) war ehedem Bayerns einzige Staatsbahn-Zahnradstrecke. Der aus der Donauniederung hinauf in den Bayerischen Wald führende Verkehr wurde daher immer auch mit eigens dafür vorgehaltenen Triebfahrzeugen abgewickelt.

Nachdem 1904 die Lokalbahn Passau – Erlau – Hauzenberg sowie 1909 der Abzweig Erlau – Oberzell realisiert werden konnten, sollte es nochmals dreieinhalb Jahre dauern, bis schließlich auch die Verlängerung nach Wegscheid in Betrieb ging. Bei der Weiterführung ergab sich für die Bayerische Staatsbahn eine bis dahin nicht gekannte Situation: Zahnstangenbetrieb. Die Wahl fiel auf das System der Strub'schen Zahnkopfstange.

Auf dem 15,2 Kilometer langen Teilstück zwischen Obernzell und Wegscheid galt es, den beachtlichen Höhenunterschied von 374,9 Metern zu überwinden. Die Bahn kletterte von Obernzell (299,6 Meter über Meereshöhe) über Untergriesbach (542,67 Meter) und Wildenranna (548,1 Meter) bis auf 674,5 Meter im Endbahnhof Wegscheid. Die Zahnstangenabschnitte lagen zwischen Obernzell und Untergriesbach (3,804 Kilometer lang) sowie zwischen Mitterwasser und Wegscheid (2,372 Kilometer lang). Beide Abschnitte wiesen eine Steigung von bis zu 69,9 Promille (1:14,3) auf. Im Reibungsbetrieb lag die Steigung zwischen Oberötzdorf und Wildenranna bei einem Maximalwert von 25,46 Promille.

Bei Krauss in München orderte die Staatsbahn zunächst drei Zahnradloks der bayerischen Gattung PtzL 3/4 (spätere 97[1], 97 101 bis 103). Diese wurden im Sommer 1912 ausgeliefert. Die übereinander angeordneten Zylinder in Verbindung mit dem schlanken, hoch liegenden Kessel verliehen den C 1'h2 (4v)-Zahnrad-Tenderloks ein unverwechselbares Aussehen. Im Jahre 1923 kam als vierte Maschine die 97 104 hinzu, die sich in wenigen technischen Details von ihren Vorgängerinnen unterschied. Beheimatet waren 97 101 bis 104 durchweg beim Bw Passau.

Spezielle Dampfloks für die Strecke

Die zulässige Höchstgeschwindigkeit der Loks lag im Reibungsbetrieb bei 40km/h. In der Zahnstange ging es mit

Zahnrad-Nebenbahnen

links **Vorgängerin 97 101 und Nachfolger VT 98 902 stehen im März 1962 in Wegscheid**
H. Eigner/Slg. U. Kandler (3)

maximal 12 km/h bergwärts. Bei Talfahrten waren zunächst 8 km/h, später auch 12 km/h zulässig. Gemäß Steilstreckenvorschrift mussten in den Zahnstangenabschnitten alle Güterzüge bergwärts geschoben werden. Demzufolge waren die Bergfahrten recht umständlich: In Obernzell setzten sich die Lokomotiven vor Einfahrt in die Zahnstange an den Zugschluss, in Untergriesbach am Ende der ersten Zahnstange wechselten sie wieder an die Zugspitze. Bei der Betriebsstelle Mitterwasser wiederholte sich das Procedere vor der Fahrt hinauf nach Wegscheid. Ab einem Zuggewicht von 40 Tonnen musste auch bei den Personenzügen entsprechend verfahren werden. Bei erhöhtem Frachtaufkommen waren die Güterzüge in Obernzell zu trennen und in mehreren Teilen nach Wegscheid zu bringen. Auf der Steilstrecke bergwärts lag die Grenzlast für die Baureihe 97^1 bei 90, talwärts bei 110 Tonnen.

Ersatz durch Schienenbusse

Vier Jahrzehnte bestimmte allein die Baureihe 97^1 das Betriebsgeschehen, bis im Juli 1953 dem Bw Passau für den Einsatz nach Wegscheid die drei fabrikneuen VT 98 901 bis 903 zugeteilt wurden. Sie sollten im Personenverkehr den kostspieligen Dampfbetrieb ablösen. Bei den Schienenbussen handelte es sich übrigens um die Prototypen des späteren Serien-VT 98. Wie der einmotorige VT 95 waren die mit zwei Maschinenanlagen versehenen $VT\ 98^9$ noch mit der vereinfachten Scharfenberg-Kupplung ausgerüstet (die Serienfahrzeuge erhielten eine normale Zug- und Stoßvorrichtung). Der Einsatz der Schienenbusse im reinen Reibungsbetrieb erforderte eine zusätzliche Bremsanlage. Die Reisezeiten auf der Strecke konnten mit ihnen deutlich gestrafft werden. Im Rahmen seiner umfangreichen Erprobung befuhr übrigens auch der Prototyp des späteren Schienen-Straßen-Busses im Juli 1951 die Wegscheider Steilstrecke.

Das Ende

Die 97 102 quittierte bereits im November 1954 wegen Fristablaufs ihren Dienst; am 5. Januar 1963 endete auch für die verblieben Maschinen (97 101, 103 und 104) die aktive Dienstzeit. Die Ausmusterung folgte am 25. April 1963; bis dahin hatten die Loks ihr Auskommen im Güterverkehr. Weil geeignete

Eisenbahnromantik am Ende der Steilstrecke: $VT\ 98^9$ im Bahnhof Wegscheid

Daten im Überblick

Strecke:	Erlau – Wegscheid (KBS 426 v)
Spurweite:	1.435 mm
Streckenlänge:	20,1 km
Eröffnung:	15.05.1909 Erlau – Obernzell
	01.12.1912 Obernzell – Wegscheid
Zahnstange:	System Strub
Größte Neigung:	1:14,3 (69,9 Promille)
Stilllegung:	28.01.1965 Erlau – Obernzell
	(Pv) – Wegscheid (Pv/Gv) [1]

Anmerkung

[1] Obwohl der Verkehr aufgrund eines Erdrutsches am 28.01.1965 endete und nicht wieder aufgenommen wurde, erfolgte die offizielle Stilllegung erst am 01.08.1973. Lediglich zwischen Erlau und Obernzell wurde der Güterverkehr am 31.03.1970 nochmals aufgenommen.

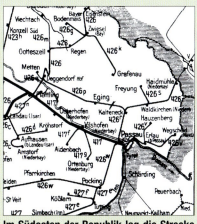

Im Südosten der Republik lag die Strecke 426 v Erlau – Wegscheid (Karte v. 1949) GN

Strecken und Betrieb

Im Jahr 1967 klettert ein VT 97 auf dem Zahnstangenabschnitt in Richtung Schwäbische Alb und Lichtenstein J. Krantz

Das württembergische Pendant

Zum Erbe der Bundesbahn zählte auch in Württemberg eine Zahnrad-Nebenstrecke: die heute abgebaute Verbindung Honau – Lichtenstein (KBS 307 r), ein Abzweig der Strecke Reutlingen – Münsingen und damals die steilste Strecke der DB. Dort hielt sich der Dampfbetrieb ebenfalls bis in die 60er-Jahre.

Mit dem 2,15 Kilometer langen Zahnstangenstück zwischen Honau und Lichtenstein galt es einen Höhenunterschied von 179 Metern zu überwinden. Erforderlich war dessen Anwendung wegen des beachtlichen Anstiegs auf die Schwäbische Alb mit einer Steigung von 100 Promille (1:10). Dabei verwendete man das System der Riggenbach-Leiterzahnstange der Bauart Bissinger-Klose. Zunächst wurde der Fahrbetrieb mit der württembergischen Dampflok Fz, der späteren Baureihe 97³ (Bauart 1'Cn4), abgewickelt. Mit steigendem Aufkommen erging noch unter der Regie der Württembergischen Staatsbahn an die Maschinenfabrik Esslingen der Auftrag zum Bau der fünfachsigen Tenderlok der Klasse Hz (Bauart E h2 4v) für den Reibungs- und Zahnradbetrieb. Geliefert wurden von der leistungsfähigsten aller deutschen Zahnradloks vier Exemplare als 97 501 bis 504, die aber erst in den Jahren 1923 bzw. 1925 bei der Deutschen Reichsbahn in Dienst gingen.

Erfolgte die Ausmusterung der 97 502 bereits im Jahre 1953, standen die 97 501, 502 und 504 bis 1962 im Dienst und blieben alle der Nachwelt erhalten. Bis zur Stilllegung der Honauer Zahnradbahn im Jahre 1969 übernahmen noch Zahnrad-Schienenbusse der Baureihe VT 97 den Personenverkehr. Wesentliches Standbein der Strecke war wegen des starken Ausflugverkehrs lange Zeit der Personenzugdienst, während der Güterverkehr schon in den 1950er-Jahren kaum mehr eine Rolle spielte.

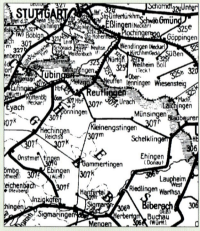

Streckenkarte 1949, noch mit Besatzungszonen: Die Linie Honau – Lichtenstein zweigt von Reutlingen – Münsingen ab GN

Triebfahrzeuge fehlten, mussten danach Güter übergangsweise sogar im Schienenersatzverkehr transportiert werden.

Unwirtschaftlicher Betrieb

Die Region lag im seit jeher strukturschwachen Dreiländereck mit Österreich und der Tschechoslowakei. Eine Stilllegung der Strecke schien daher kaum durchsetzbar, dennoch machten frühzeitig solche Absichten die Runde. Schon 1960 beantragte die BD Regensburg die Gesamteinstellung der Teilstrecke Obernzell – Wegscheid. Der Grund: Dieser Streckenteil zählte zu den unwirtschaftlichsten der Deutschen Bundesbahn überhaupt.

Um den Güterverkehr wieder auf die Schienen zu bekommen, wurde am 8. Januar 1964 der Tübinger Zahnradschienenbus VT 97 901 an das Bw Passau abgegeben. Mit ihm konnte man bis zu 40 Tonnen Last über die Steigung drücken. Alle Bemühungen um eine wirtschaftliche Betriebsführung wurden jedoch am 28. Januar 1965 durch einen Hangrutsch zwischen Erlau und Obernzell jäh zunichte gemacht. Der Zugverkehr wurde fortan unterbrochen und der VT 97 901 an das Bw Tübingen zurückgegeben. Ohnehin war seit 1959 zwischen Erlau und Wegscheid nur ein nachmittägliches „Alibi"-Personenzugpaar verblieben. Die jahrelangen Bemühungen zur Rettung der Steilstrecke führten wenigstens dazu, dass am 31. März 1970 der Güterverkehr zwischen Erlau und Obernzell nochmals aufgenommen wurde. Im weiteren Verlauf blieb die Strecke dem Verfall preisgegeben. Die amtliche Stilllegung zum 1. August 1973 besiegelte schließlich das Ende der Strecke Obernzell – Wegscheid, darüber hinaus stellte man den Reisezugverkehr zwischen Erlau und Obernzell ein. Im Frühjahr 1975 erfolgte der Abriss der Strecke Obernzell – Wegscheid. Im Sommer 1982 verschwand auch der 160 Meter lange und 19 Meter hohe Stampfbeton-Viadukt aus dem Ortsbild von Obernzell. Das Streckenstück Erlau – Obernzell dagegen liegt noch heute. UDO KANDLER

Elektrische Nebenbahnen

Elektrische Nebenbahnen der DB
Club der Exoten

Verschiedene Stromsysteme, verschiedene Fahrzeuge, verschiedene Funktionen: Die elektrischen Nebenbahnen der Bundesbahn waren in vielen Dingen außergewöhnlich. Nicht alle konnten sich behaupten

Bad Aibling – Feilnbach zum Ersten: Bis zum Ende des Gleichstrombetriebs 1959 ist ET 186.02 im Einsatz; die LAG hatte den Triebwagen 1896 in Dienst gestellt C. Bellingrodt/Slg. P. Schricker

Elektrische Nebenbahnen – das klingt nach Luxus und unnötigem Aufwand. Doch oft waren es kleine private Bahnen, Nebenstrecken also, auf denen sich die Pioniere der elektrischen Eisenbahn um 1900 an die Funktionsfähigkeit der neuen Antriebsweise herantasten konnten. Nicht von ungefähr, denn derartige Bahnen ähnelten in ihrer Betriebsweise Straßenbahnen, die bei der Elektrifizierung eine Vorreiterrolle ausübten. Außerdem zeigten sich private Bahnunternehmen der neuen Technik gegenüber aufgeschlossener als die Verwaltungen der Staatsbahnen.

Als die Deutsche Bundesbahn 1949 im westdeutschen Teilstaat die Deutsche Reichsbahn als staatliches Schienenverkehrsunternehmen ablöste, übernahm sie auch 13 elektrifizierte Nebenbahnen.

Konglomerat der Systeme

Dieses Erbe bestand aus einem Konglomerat verschiedener Systeme, die nicht selten vom üblichen Wechselstrombetrieb mit 15 kV Spannung und 16,7 Hertz Frequenz abwichen. Die meisten dieser „Sonderlinge" entstammten der Lokalbahn Actiengesellschaft (LAG), die 1938 zwangsweise der Deutschen Reichsbahn eingegliedert worden war. Dabei handelte es sich um die isoliert vom übrigen elektrischen Netz bestehenden Gleichstrombahnen München Isartalbahnhof – Höllriegelskreuth, Aibling – Feilnbach, Meckenbeuren – Tettnang und Ravensburg – Baienfurt, auf denen mit 550 bis 700 Volt Spannung gefahren wurde. Ein LAG-Abkömmling war auch die Linie Murnau – Oberammergau, auf der man seit 1905 die Bahntauglichkeit des Wechselstroms auf einer regulären Bahnstrecke demonstrierte – mit 5 kV und 16 Hz. Einen anderen Ursprung hatte der elektrische Betrieb auf der für den Ausflugsverkehr wichtigen Dreiseenbahn Titisee – Seebrugg im Schwarzwald. Dort testete die Reichsbahn wie auf der Höllentalbahn das alternative Bahnstromsystem von 20 kV und 50 Hz. Und schließlich galt die elektrische Teilstrecke Blankenese – Sülldorf – Wedel

Bad Aibling – Feilnbach zum Zweiten: Im Mai 1972 fährt man dort mit ET 90 und Wechselstrom. Doch zum Sommerfahrplan stellt die DB auf Dieselbetrieb um P. Schricker

Strecken und Betrieb

Die ehemaligen LAG-Elloks, nun DB-Reihe E 69, waren die Stars der Strecke Murnau – Oberammergau; 169 002 im Juli 1978 in Altenau M. Engel

der Hamburger S-Bahn bis Anfang der 60er-Jahre als Nebenbahn.

Doch elektrische Nebenbahnen bedeuteten 1949 nicht automatisch Systemabweichung. Es existierten bereits Nebenbahnen, über denen seit Jahrzehnten die reguläre Wechselstromfahrleitung hing: nämlich die Strecken Bad Reichenhall – Berchtesgaden und Scharnitz – Mittenwald – Garmisch – Griesen, beides Bahnen aus der Frühzeit des elektrischen Bahnbetriebs, sowie Berchtesgaden – Königssee und Penzberg – Kochel. Auch elektrifizierte Vorortstrecken Münchens galten in Teilen als Nebenbahnen, so der Abschnitt Johanneskirchen – Ismaning. Nebenbahncharakter besaßen noch die südbadischen Umgehungsstrecken Wiesen- und Wehratalbahn, die rechtlich gesehen jedoch Hauptbahnen waren. Das galt auch eine Zeit lang für das Teilstück Weilheim – Peißenberg Nord der Strecke nach Schongau. Elloks besorgten dort die Abfuhr von Kohle aus den Bergwerken am Fuße des Hohenpeißenberg, wo Bergleute bis 1971 das „schwarze Gold" zu Tage förderten.

Gemischtes Fahrzeugbild

Zwischen der Tristesse der Nachkriegszeit und lebensgieriger Wirtschaftswunderepoche boten die elektrischen Nebenbahnen ein sehr abwechslungsreiches Szenarium. Auf den regulären Wechselstromlinien summten hauptsächlich E 44 vor den Zügen durch die Landschaft, unterstützt von Stangenloks der Reihen E 32 und E 75. Elektrotriebwagen ET 85 mit und ohne Bei- und Steuerwagen rundeten das gemütliche Bild ab. Später gesellten sich die Einheitselloks E 41 sowie auch E 10 dazu. Letztere zogen – wie übrigens auch E 16 und E 18 – Eil- und Schnellzüge nach Mittenwald, während der Gesamtverkehr nach Berchtesgaden der E 44[5] vorbehalten blieb. Noch später rollten über die Schienen dieser beiden Bahnen sogar Intercity-Züge, zwischen Mittenwald und Griesen verkehrten österreichische Korridorzüge der Relation Innsbruck – Reutte. Auf der Oberammergauer Linie schnurrten derweil die legendären E 69 und ET 85. Als dort 1950 die Passionsspiele wieder für einen Riesenandrang sorgten, mussten jedoch Tenderdampfloks der Baureihe 64 aushelfen.

Noch uriger ging es auf den Gleichstrombahnen zu. Dort rumpelte ein Häuflein von betagten Sonderlingen aus der LAG-Zeit, nicht selten Einzelexemplare, durch die Gegend, vorbei an oft schon krummen hölzernen Fahrleitungsmasten. Das Design des frühen 20. Jahrhunderts zum Beispiel vertraten die ET 183, die im Prinzip ersten elektrischen S-Bahn-Triebwagen Deutschlands. Sie kamen von der Münchner Isartalbahn, einer zweigleisigen Nebenbahn mit Taktverkehr, und lösten die schlichten Zwei- und Dreiachser am Fuße des Wendelsteins in Feilnbach ab. Als Ersatz standen immer noch Gepäcktriebwagen mit Personenabteilen bereit, die sonst den Güterverkehr besorgten. Einen ganz eigenen Charme versprühte die meterspurige Bahn Ravensburg – Baienfurt; bei ihr handelte es sich genau genommen um eine Straßenbahn mit Halbstunden-Taktverkehr. Diese Nebenbahnen besaßen eigene Wasserkraftwerke für ihre spezielle Stromversorgung. Bei Wartung der Turbinen oder jährlich anfallender Auskehr des Wasser zuführenden Kanals übernahmen Dampfloks, oft alte Lokalbahntypen oder 64er, für ein paar Tage den Zugverkehr.

Zwischen Anpassung und Einstellung

Die kostenträchtige Vielfalt vertrug sich freilich nicht mit dem Zwang zur wirtschaftlichen Betriebsführung. Folglich begann die DB mit der Vereinheitlichung des elektrischen Netzes. Als Erste wurde 1951 die Oberammergauer Bahn an das reguläre System angepasst. Es folgten 1955 die Isartalbahn und 1959 die Feilnbacher Bahn. Schließlich glich 1960 die DB die Höllental- und Dreiseenbahn an das 15-kV/16,7-Hz-System an. Unterschiedlich ist das Schicksal der Fahrzeuge. Während die E 69 nach ihrer Adaptierung an 15 kV/16,7 Hz noch bis Anfang der 80er-Jahre durchs Voralpenland kurvten, fielen nahezu alle Gleichstromfahrzeuge alsbald dem Schneidbrenner zum Opfer. Am längsten hielt sich der

Elektrische Nebenbahnen

Gleichstrombetrieb – sieht man von der Hamburger S-Bahn ab – bei den württembergischen Linien. Die DB wollte die Tettnanger Bahn bei der ersten großen Stilllegungswelle um 1960 schließen. Als ihr das nicht gelang, beendete sie am 1. Februar 1962 den elektrischen Betrieb und ersetzte die mittlerweile archaischen Elektrotriebwagen durch Schienenbusse. Der Baienfurter Strecke machten Lokalpolitiker ein Ende (siehe S. 52-58).

Neue Elektrifizierungen

Im Rahmen der großen Elektrifizierungsanstrengungen der 50er- und 60er-Jahre rüstete die Bahn aber auch manche Nebenbahn mit Fahrdraht aus. Als Erste ist hier die Nürnberger Vorortstrecke Feucht – Altdorf zu nennen. Sie verdankt diese Maßnahme der Tatsache, dass nach Abschluss der Elektrifizierungsarbeiten der Strecke Nürnberg – Regensburg noch etwas Geld in der Kasse blieb. Nach Altdorf kamen alsbald ziemlich alle in Nürnberg heimischen elektrischen Triebwagen vom ET 87 über den ET 26 bis zum ET 30. Beim ehemaligen Bahnhof Winkelhaid standen sogar Trapeztafeln unter der Fahrleitung, bis 1992 kontrollierte die DB den Verkehr mittels Zugleitbetrieb (ZLB).

Zu Beginn des Wirtschaftswunders glaubten die Bahnoberen vermutlich noch an einen Aufschwung des Massentourismus auf der Schiene. So setzten sie 1955 die südostbayerische Linie Traunstein – Ruhpolding unter Strom, auf der ein reges Touropa-Sonderzugprogramm abzuwickeln war. Im regulären Betrieb waren fast 30 Jahre lang E 44 mit Wendezügen im Einsatz, ehe 111er sie ablösten.

Als in den Ballungsräumen S-Bahn-Systeme entstanden, wandelte sich so manche einst beschauliche Nebenbahn zu einer elektrisch ausgerüsteten Linie. Dabei stieg sie durchaus nicht gleich in

Auch das war elektrischer Nebenbahnbetrieb: Auf dem Weg von Kochel nach Tutzing macht eine 111 im S-Bahn-Lack im Bahnhof Benediktbeuern Station   K.-J. Vetter, Slg. B. Rampp (Bild u.l.)

den Status einer Hauptbahn auf. Im Raum München beispielsweise gab es auf den Strecken Markt Schwaben – Erding und Aying – Kreuzstraße noch Jahre lang S-Bahn-Betrieb mit (ET) 420 unter Nebenbahnbedingungen. Für den kurzen Abschnitt Grafing Bf – Ebersberg der S 4 trifft das bis zum heutigen Tag zu.

Manche Nebenbahn elektrifizierte die DB auch, um bei Betriebsstörungen eine Umleitungsstrecke parat zu haben oder um Güter- und Sonderzüge an Knotenpunkten vorbeizuführen. Das gilt wohl für die Strecken Verden – Rotenburg (Wümme) (später zur Hauptbahn aufgestuft) und Minden – Nienburg.

Eine weitere Gruppe an Nebenstrecken verdankt die neue elektrische Fahrleitung allein dem Güterverkehr, vor allem im Aachener Revier (z. B. Baal Gbf – Ratheim) sowie an der Saar (z. B. Fürstenhausen – Großrosseln – Warndt Grube). Elektroloks kamen dort oft nur vor Güterzügen zum Einsatz. In den letzten DB-Jahren elektrifizierte die Bundesbahndirektion München das von der 1970 stillgelegten Strecke Rosenheim – Frasdorf übrig gebliebene Reststück Abzweigung Landl – Rohrdorf. Das dortige Zementwerk wird seit 1993 mit elloksbespannten Ganzzügen versorgt.

Hier Abbau, da Modernisierung

Elektrischer Betrieb war jedoch keine Garantie für den Bestand von Nebenbahnen. Manche wurde noch zu Bundesbahn-Zeiten mangels Zugaufkommen wieder „entelektrifiziert" (z. B. Weilheim – Peißenberg, 1980) oder gar stillgelegt. So erinnert seit über einem Vierteljahrhundert zwischen Meckenbeuren und Tettnang, auf dem Münchner Teil der Isartalbahn sowie zwischen Aibling und Feilnbach nichts mehr an das einstige elektroexotische Bahntreiben. Oberammergauer und Ruhpoldinger Bahn hingegen blieben als elektrische Nebenbahnen bestehen und präsentieren sich heute mit modernen Triebwagen und Taktverkehr.   PETER SCHRICKER

Am 31. Januar 1962 muss ET 183.05 Abschied nehmen; der Elektrobetrieb zwischen Meckenbeuren und Tettnang wird eingestellt

Urlauberzug auf der Nebenbahn: E 44 006 mit Touropa-Fernexpress bei Klais (Strecke Garmisch – Mittenwald)   Slg. P. Schricker

Momentaufnahmen

Die Altmark ist zu Beginn der 70er-Jahre ein Revier der Baureihe 64. Im Mai 1974 rangiert ein „Bubikopf" in Kalbe (Milde)
Detlef Winkler

Nur wenige Nebenbahnen der DR sind elektrifiziert. Die Linie Schleiz – Saalburg besteht als Inselbetrieb, hier ein Zug in Saalburg 1966
K. Kieper

GR. FOTO **Dampf und Diesel** bestimmen lange Zeit das Bild auf sächsischen Nebenbahnen. Im Mai 1988 lässt sich die Rekolok 50 3519 am Bahnsteig von Lugau bestaunen, während 110 047 eine Ruhepause einlegt D. Höllerhage

LINKS **Nichts Besonderes** denken sich die beiden Herren, als hinter ihnen eine IV K mit ihrem Güterzug Richtung Mügeln faucht. Der Fotograf am Bahnübergang ist da schon interessanter (September 1988) U. Miethe

Vielfalt der Nebenbahnen

Vielfalt ist Trumpf bei den Nebenbahnen der DR

Klein, aber oho

In puncto Kapazität stehen die Nebenstrecken im Schatten der Hauptbahnen; doch auch sie tragen dazu bei, dass die Reichsbahn der wichtigste Verkehrsträger der DDR ist. Oft bieten sie noch romantisches Flair

Momentaufnahmen

LINKS **Ländliche Idylle:** Im März 1968 macht die 99 5611 mit einem Güterzug mit Personenbeförderung (Gmp) Halt in Altenpleen; die Fahrt führt sie von Klausdorf nach Barth H.-J. Lange/Slg. G. Schütze

Vielfalt der Nebenbahnen

GROSSES BILD **Rotes Trio:** Auf bestimmten Strecken lösen Leichtverbrennungstriebwagen die Dampfloks ab und erschließen kostengünstig die Region. Drei „Ferkeltaxen" treffen sich 1991 in Herzberg C. Müller

RECHTS **Wismarer Schienenbusse** sind selbst bei der Reichsbahn etwas Exotisches. In den 60er-Jahren setzt die DR die sparsamen Zweiachser unter anderem beim „Pollo" ein – der Schmalspurbahn in der Prignitz Slg. H. Brinker

77

Momentaufnahmen

OBEN LINKS **Die vierachsige Version der V 180** ist für Nebenbahnen zu schwer. Die sechsachsige Variante dagegen eignet sich hervorragend und bleibt rund drei Jahrzehnte im Dienst. Im September 1984 ist eine V 180 C'C' mit einer Doppelstockeinheit bei Veßra in Thüringen unterwegs   R. Heym

LINKS **Kleine Pause:** Wasser gefasst, Lok entschlackt, Kohle geladen – die kleine 99er ist versorgt. Bis zum nächsten Einsatz bleibt aber noch etwas Zeit (Aufnahme in Dippoldiswalde, Oktober 1989)   D. Höllerhage

Vielfalt der Nebenbahnen

GR. BILD **Im Januar 1991** steht 99 1780 mit ihrem Personenzug im Bahnhof von Dippoldiswalde, an der Laderampe bunkern IFA-Lastwagen Kohle. Nicht mehr lange, dann gelten solche Szenen als „Ostalgie"   M. Beitelsmann

RECHTS **Nebenbahn-Schienen in der Altmark:** Die Kombination aus abgeriebenen Profilen, Schienenstößen, Holzschwellen und Sandbettung erzeugt das herrliche Schaukeln der Leichtverbrennungstriebwagen   J. Högemann

Momentaufnahmen

GR. BILD **Bereit zum Dienst in der Altmark:** Triebwagen und Beiwagen in Stendal, aufgenommen im Mai 1974 — Detlef Winkler

LINKS **Heiligenthal** ist zuerst eine Station der Halle-Hettstedter Eisenbahn und kommt mit der Übernahme durch die DR 1949 in Staatsbesitz. Die Merkmale der Privatbahn sieht man dem Empfangsgebäude noch 1994 an: Unten liegen die Diensträume, oben befindet sich die Wohnung für den Bahnhofsvorsteher — B. Wollny

Vielfalt der Nebenbahnen

In den Jahren nach der Wende brechen die Fahrgastzahlen auf vielen DR-Strecken ein. Ein Westauto ist oft interessanter als ein Zugticket (Putlitz, April 1991) H. Brinker

Urlaubsstimmung in Mecklenburg: In einer frischen Ostseebrise nähert sich der „Molli" im Mai 1976 dem Haltepunkt Heiligendamm Steilküste K. Kieper

Momentaufnahmen

Verwunschene Waldpassagen wie die bei Drahtzug machen die Selketalbahn im Harz zum begehrten Ausflugsziel. Im Oktober 1982 faucht 99 5904 bergwärts J. W. van Dorp

GR. BILD **Winterabend im Erzgebirge:** Im Februar 1988 halten sich eine 86er und eine 118 in Schlettau bereit. Bald darauf sind die Dieselloks allein auf weiter Flur D. Höllerhage

In Glöwen kann man lange Zeit von der Hauptbahn Berlin – Schwerin auf die Schmalspurbahn nach Havelberg umsteigen. Im Sommer 1970 wartet ein C-Kuppler mit seinen Wagen am Glöwener Bahnhof auf die Abfahrt W.-D. Machel

Vielfalt der Nebenbahnen

Geschichte

Die Kleinbahnen in der Altmark
Auf Sand und Kies

Der Landstrich zwischen Elbe, Drömling und Ohre wurde einst von zahlreichen Kleinbahnen erschlossen. Die Deutsche Reichsbahn übernahm die Strecken 1949 und legte sie ab 1961 schrittweise still. Heute ist die Strecken-Idylle der Altmark Vergangenheit

Kleinbahnen in der Altmark

Der VT 186 kam häufig auf den Strecken des Altmark-Netzes zum Einsatz. Im Mai 1974 hält sich 186 030 mit einem Beiwagen in Hohenwulsch auf *Detlef Winkler*

Kurzer Reisezug der 70er-Jahre: Eine 64 und zwei Beiwagen warten in Kalbe (Milde) auf die Fahrt nach Beetzendorf (März 1975) *Slg. R. Preuß*

Der Reichsbahndirektion (Rbd) Magdeburg unterstanden ab 1. April 1949 die Strecken der ehemaligen Altmärkischen Kleinbahn AG, der Kleinbahn Osterburg-Deutsch Pretzier, der Salzwedeler Kleinbahn, der Stendaler Kleinbahn und der Kleinbahn Goldbeck-Werben. Dieses fast 350 Kilometer lange Kleinbahnnetz erschloss die Region zwischen Salzwedel, Arendsee, Osterburg, Stendal, Kalbe, Gardelegen und Klötze.

Sparsame Bauweise

Alle Gesellschaften hatten beim Bau ihrer Strecken größte Sparsamkeit walten lassen: Die Gleisanlagen bestanden vorwiegend aus den relativ leichten Schienenprofilen der Formen 5 und 6, die zunächst mittels Schienennägeln auf den Holzschwellen befestigt wurden. Nur Weichen und besonders belastete Abschnitte in Kurven erhielten Stahlschwellen. Die Deutsche Reichsbahn (DR) ging dann im Zuge der planmäßigen Unterhaltung dazu über, Schrauben mit Laschen und Platten zu verwenden. An der klassischen Sand- und Kiesbettung der altmärkischen Kleinbahnen änderte die DR jedoch nichts. So blieb die zulässige Achsfahrmasse auf 15 Tonnen beschränkt. Die zulässige Metermasse hingegen betrug 6,4 Tonnen je Meter.

Erst Ende der 70er-Jahre, als die DR den langfristigen Erhalt einiger Strecken

Geschichte

Wasser fassen per Pulsometer – ein typischer Vorgang, wenn Dampfloks in der Altmark versorgt wurden (Beetzendorf, Mai 1974)   Detlef Winkler (2)

beschlossen hatte, wurden die Gleisanlagen verstärkt. Im Zuge der so genannten Zentralen Oberbau-Erneuerung (ZOE) ließ die Rbd Magdeburg die Strecken Stendal – Stendal Ost – Borstel, Salzwedel – Diesdorf, Salzwedel – Krinau Fuchsberger Straße und Hohenwulsch – Kalbe (Milde) für eine Achsfahrmasse von 20 Tonnen auslegen. Dies war nur durch den Einbau der schweren Profile des Typs S 49 und die Verwendung von Bettungsschotter möglich.

Schlichte Stationen

Auch die Stationen waren oft recht bescheiden. Meist genügte für das Verkehrsaufkommen eine Haltestelle, die aus zwei Weichen sowie einem Haupt- und einem Nebengleis bestand. In der Altmark waren dabei drei Bauformen üblich. Bei der ersten Bauform lagen Bahnsteig und Ladestraße parallel zueinander. Bei der zweiten Variante wurden Bahnsteig und Ladestraße hintereinander auf einer Seite angeordnet. Bei der dritten Ausführung hingegen waren Bahnsteig und Ladestraße versetzt. Ein kleines Stationsgebäude ergänzte die Haltestelle, die auch für Zugkreuzungen genutzt werden konnte. Größere Zwischenstationen mit drei und mehr Gleisen, wie z. B. in Flessau oder Dähre, waren eher die Ausnahme. Eine Spezialität der altmärkischen Kleinbahnen waren die kleinen keilförmigen Trennungsbahnhöfe in Rohrberg, Wernstedt und Pleulingen. Deutlich größer waren die als Keilbahnhöfe angelegten Gemeinschaftsstationen zweier Gesellschaften, wie es sie in Badel und Diesdorf gab. Eine Sonderstellung hatte der Bahnhof von Klein Rossau, wo sich die Strecken Stendal Ost – Arendsee (Altmark) und Osterburg – Pretzier kreuzten. Hier mussten die Züge der Strecke vor der Weiterfahrt nach Osterburg oder Pretzier stets Kopf machen.

Die meisten Bahnhofseinfahrten waren durch Trapeztafeln gesichert. Ledig-

Die 64er, das Mädchen für alles: Rangieren in Kalbe (Milde), Mai 1974

lich die Einfahrten in Stendal Vorbahnhof, Kalbe (Milde) und Diesdorf waren mit Formhauptsignalen ausgestattet. Der Bahnhof von Klein Rossau besaß bis Mitte der 60er-Jahre Deckungsscheiben, die dann durch Formhauptsignale ersetzt wurden. Die Weichen der Kleinbahnen waren alle ortsbedient und mit einem Schloss gesichert. Die Schlüssel wurden von den Fahrdienstleitern auf den besetzten Bahnhöfen verwaltet oder vom Zugpersonal mitgeführt. An den zahllosen unbeschrankten Bahnübergängen standen Pfeif- und Läutetafeln. Die Verständigung zwischen den Stationen erfolgte über Fernsprecher.

Kleinbahnen in der Altmark

Fahren auf einfachstem Oberbau und einen Personenzug mit Güterbeförderung am Haken: Das war tägliches Brot für die ELNA-Lok 91 6486, hier im April 1968 in Klein Rossau   H. Müller

Vereinfachter Betrieb ab 1957

Um den Betriebsablauf zu rationalisieren und Arbeitskräfte einzusparen, führte die Rbd Magdeburg ab 1. Juli 1957 auf den altmärkischen Kleinbahnen den „vereinfachten Nebenbahndienst" ein. Das Streckennetz wurde dabei auf sechs Zugleitbahnhöfe aufgeteilt. Die hier eingesetzten Fahrdienstleiter regelten und überwachten den Zugbetrieb auf den ihnen zugeteilten Strecken. Zugleitbahnhöfe waren bis zur Einstellung des Betriebes auf den jeweiligen Linien Beetzendorf (Beetzendorf – Hanum, Beetzendorf – Diesdorf), Salzwedel (Salzwedel – Diesdorf, Salzwedel – Badel), Kalbe (Hohenwulsch – Beetzendorf, Kalbe – Klötze), Gardelegen (Gardelegen – Wernstedt), Klein Rossau (Klein Rossau – Pretzier, Klein Rossau – Arendsee) und Stendal Ost (Stendal Ost – Arneburg, Stendal Ost – Klein Rossau).

Hochbetrieb in Klein Rossau

Doch einen ruhigen Dienst hatten die Fahrdienstleiter nicht, wie das Beispiel von Klein Rossau zeigt. Wenn sich hier die Züge kreuzten, war höchste Aufmerksamkeit gefragt. An einem Sommertag 1972 sah das dann so aus: Um 17.13 Uhr traf der Triebwagen 186 030 als P 3634 aus Arendsee (Altmark) am Bahnsteig auf Gleis 2 ein. Wenige Minuten später, um 17.19 Uhr, hielt der P 3631 aus Stendal auf dem mittleren Gleis (Gleis 1). Dieser Zug bestand aus der Diesellok 102 151 und dem Steuerwagen 195 631. Nach dem die Fahrgäste ein- und ausgestiegen waren, zog die 102 151 vor über die Einfahrweiche in Richtung Arendsee und schob ihren Zug dann auf Gleis 3. Anschließend setzte der 186 030 von Gleis 2 auf Gleis 1 um und verließ um 17.21 Uhr den Bahnhof Klein Rossau in Richtung Stendal.

Um 17.50 Uhr kam der P 1194 (102 122 mit 195 616) aus Osterburg auf Gleis 2 zum Stehen. Reisende, die weiter nach Arendsee wollten, mussten sich nun sputen, denn ihnen blieb zum Umsteigen laut Fahrplan nur eine Minute Zeit. Nachdem der P 3631 Klein Rossau verlassen hatte, kuppelte der Zugführer die 102 122 ab, die nun an das andere Zugende umsetzte. Anschließend wurde der Zug über die Einfahrweiche in Richtung Arendsee gedrückt und anschließend auf das Gleis 3 gezogen. Bis zur Weiterfahrt des P 1194 um 17.57 Uhr blieb somit nicht mehr viel Zeit.

Auch nach der Abfahrt des Zuges hatte der Fahrdienstleiter alle Hände voll zu tun: Er musste die Weichen wieder in die Grundstellung bringen und abschließen. Danach galt es, das Zugmeldebuch ordnungsgemäß auszufüllen. Waren dann noch auf der Ladestraße Wagen abzufertigen, Fahrkarten zu verkaufen oder Gepäck und Expressgut anzunehmen, ging die Zeit bis zur nächsten Zugkreuzung schnell vorbei.

Vom Pmg zu getrennten Zügen

Auf den meisten Kleinbahnen der Altmark verkehrten in den 50er- und 60er-Jahren überwiegend Personenzüge mit Güterbeförderung (Pmg). Lediglich auf den Strecken, die ein konstant hohes Frachtaufkommen besaßen, wie Hohenwulsch – Beetzendorf und Stendal – Arendsee, setzte die DR ständig Nahgüterzüge ein. Außerdem waren in den Fahrplänen so genannte Erntezüge vorgesehen, die in den Herbstmonaten zum Abtransport der Zuckerrüben und Kartoffeln genutzt wurden.

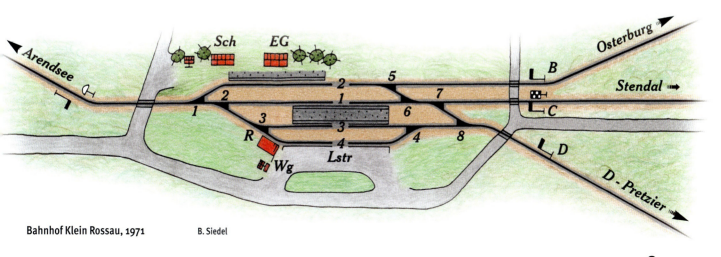

Bahnhof Klein Rossau, 1971   B. Siedel

Geschichte

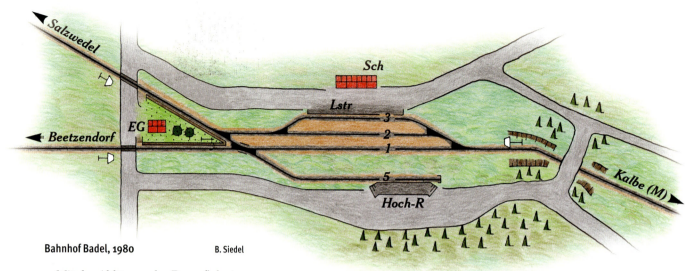

Bahnhof Badel, 1980   B. Siedel

Mit der Ablösung der Dampfloks im Zugdienst und vermehrten Triebwagen-Einsätzen strich die DR ab Ende der 60er-Jahre immer mehr Pmg aus den Fahrplänen und sah stattdessen reine Güter- und Reisezüge vor. Lediglich auf den Strecken Klötze – Kalbe und Beetzendorf – Diesdorf verkehrten bis zur Stilllegung die typischen Pmg, wie zu Großvaters Zeiten mit einer Dampflok.

Triebfahrzeuge in der Altmark

Die Dampftraktion bestimmte nach der Übernahme der Kleinbahnen durch die DR noch viele Jahre das Bild. Die Zugförderung auf den Strecken teilten sich die Bahnbetriebswerke Salzwedel (Lokbahnhof Kalbe) und Stendal (Lokbahnhof Osterburg), welche die ehemaligen Kleinbahn-Loks und -Triebwagen übernahmen und weiterhin auf deren angestammten Strecken einsetzten. Erst ab Mitte der 50er-Jahre wurden ELNA-Loks der Baureihe 91$^{62-64}$ in der Altmark heimisch, der ab 1962 Maschinen der Baureihe 91$^{3-18}$ folgten.

Doch bereits zu diesem Zeitpunkt weiteten die Bahnbetriebswerke Salzwedel und Stendal den Einsatz von Triebwagen noch mehr aus. Zunächst griffen sie auf Vorkriegs-Typen zurück, die in Salzwedel ab 1963/64 durch die ersten Leichtverbrennungstriebwagen (LVT) der Baureihe 2.09.0 (ab 1970: 171) ersetzt wurden. Das Bw Stendal hingegen setzte ab 1968 im Reiseverkehr verstärkt die leichten Rangier-Dieselloks der Baureihen V 15 (ab 1970: 101) und V 23 (ab 1970: 102.0) ein, die mit verschiedenen zwei- und vierachsigen Bei- und Steuerwagen durch die Altmark rumpelten. Ab 1970 oblagen diese Leistungen meist den fabrikneuen Loks der Baureihe 102.1, da diese etwas schneller waren als ihre Vorgänger. Bis 1977 gehörten die Gespanne aus 102.1 und Beiwagen zum Bahnalltag.

Der Einsatz der ELNA-Maschinen war da schon Geschichte. Als Letzte ihrer Art stand im Lokbahnhof Kalbe die 91 6483 unter Dampf, die am 31. Juli 1970 den Dienst quittierte. In der Folgezeit machten sich nur noch die Loks der Baureihe 64 auf den ehemaligen Kleinbahnen nützlich. Das Bw Salzwedel setzte den „Bubikopf" seit 1967 auf den Strecken Hohenwulsch – Kalbe (Milde) – Beetzendorf, Beetzendorf – Diesdorf, Salzwedel – Diesdorf und Salzwedel –

Einst war Badel Gemeinschaftsbahnhof zweier Gesellschaften, im Juni 1983 dient er noch als Keilbahnhof zweier Strecken. Die Ferkeltaxen 171 007 und 171 028 warten gemeinsam auf Fahrgäste   Detlef Winkler

Die Kleinbahnen in der Altmark

Die Strecken der Altmärkischen Kleinbahn AG
Höchstgeschwindigkeit: 40 km/h; größte Neigung: 1 : 60; kleinster Radius: 250 m

Strecke	Länge (km)	Eröffnung	Einstellung Personenverkehr	Einstellung Güterverkehr
Hohenwulsch[1] **– Kalbe (Milde) – Beetzendorf**	42,3	18.12.1899	1991 – 2001	1991 – 1994
Badel – Beetzendorf	27,1	s.o.	10.05.1991	26.05.1991
Kalbe (Milde) – Badel	27,1	s.o.	10.05.1991	31.12.1993
Hohenwulsch – Kalbe (Milde)	15,2	s.o.	09.06.2001	31.12.1994
Beetzendorf – Diesdorf – Wittingen	28,8	1903 – 1909	1945/1973	1945/1975
Beetzendorf – Diesdorf	17,2	24.12.1903	29.09.1973	27.04.1975
Diesdorf – Wittingen	11,6	01.08.1909	01.07.1945	01.07.1945
Gardelegen – Kalbe (Milde)	21,3	25.03.1904	23.09.1967	25.05.1968
Beetzendorf – Rohrberg – Zasenbeck	20,0	01.10.1911[2]	1945/1961	1945 – 1975
Hanum – Zasenbeck	2,1	01.10.1911	01.07.1945	01.07.1945
Beetzendorf – Rohrberg – Hanum	17,9	01.10.1911	27.11.1961	
Jübar – Hanum	3,4	01.10.1911	–	31.12.1968
Beetzendorf – Jübar	14,5	01.10.1911	–	27.04.1975
Klötze – Wernstedt – Kalbe (Milde)	22,4	1900 – 1922	28.06.1970	31.07.1970
Kakerbeck – Wernstedt – Kalbe (Milde)	11,0	27.03.1921[3]		
Klötze – Kakerbeck	11,4	20.06.1922[3]		

Anmerkung: 1 bis 1945 Bismarck (Altm.); 2 nur Güterverkehr; Personenverkehr ab 01.12.1911; 3 Die Strecke wurde von 750 mm auf 1.435 mm umgespurt. Die Schmalspurbahn Klötze – Wernstedt – Vinzelberg wurde abschnittsweise zwischen 1900 und 1901 eröffnet

Die Kleinbahn Osterburg-Deutsch Pretzier
Höchstgeschwindigkeit: 30 km/h; größte Neigung: 1 : 100; kleinster Radius: 250 m

Strecke	Länge (km)	Eröffnung	Einstellung PV	Einstellung GV
Osterburg – Pretzier	39,3	14.07.1914	s.u.	s.u.
Kleinau West – Pretzier	14,2	s.o.	29.08.1968	31.05.1969
Osterburg – Kleinau West	25,1	s.o.	01.10.1974	–
Osterburg-Schilddorf – Kleinau West[1]	23,1	s.o.	–	25.09.1976

Anmerkung: 1 Der Abschnitt Osterburg– Osterburg-Schilddorf wurde in ein Anschlussgleis des Bahnhofs Osterburg umgewandelt.

Die Salzwedeler Kleinbahn
Höchstgeschwindigkeit: 40 km/h; größte Neigung: 1 : 100; kleinster Radius: 250 m

Strecke	Länge (km)	Eröffnung	Einstellung PV	Einstellung GV
Salzwedel – Diesdorf	36,2	1927/1928	1979/1995	1979/1994
Salzwedel – Dähre	22,3	04.10.1927[1]	27.05.1979/ 31.12.1995[2]	31.12.1994
Dähre – Diesdorf	13,9	03.10.1928[1]	27.05.1979/ 22.05.1993[2]	27.05.1979/ 31.12.1994[2]
Salzwedel – Badel – Kalbe (Milde)	30,0	02.10.1926[3]	1980/1985[4]	1985/1994
Salzwedel – Badel (– Kalbe)	30,0	02.10.1926[3]	27.09.1980/ 28.09.1985[4]	
Krinau Fuchsberger Straße – Badel (– Kalbe)	22,0	02.10.1926[3]	–	28.09.1985
Salzwedel – Krinau Fuchsberger Straße	8,0	02.10.1926[3]	–	31.12.1994

Anmerkungen: 1 Die Strecke wurde von 1.000 mm auf 1.435 mm umgespurt. Die Schmalspurbahn Salzwedel – Diesdorf wurde abschnittsweise zwischen 1900 und 1901 eröffnet. 2 Die Strecke Salzwedel – Diesdorf wurde 1981/1982 instandgesetzt und am 31.05.1982 wieder für den Personen- und Güterverkehr freigegeben. 3 Die Strecke wurde von 1.000 mm auf 1.435 mm umgespurt. Die Schmalspurbahn Salzwedel – Winterfeld wurde abschnittsweise 1901 eröffnet. 4 Die Strecke Salzwedel – Badel (– Kalbe) wurde 1981/1982 instandgesetzt und am 31.05.1982 wieder für den Personen- und Güterverkehr freigegeben.

Die Stendaler Kleinbahn
Höchstgeschwindigkeit: 40 km/h; größte Neigung: 1 : 100; kleinster Radius: 300 m

Strecke	Länge (km)	Eröffnung	Einstellung PV	Einstellung GV
Stendal – Stendal Ost	5,0	12.07.1909	26.05.1979	31.12.1994
Stendal Ost – Arendsee (Altmark)	49,3	1908/1909	1978/79	1970 – 1994
Stendal – Stendal Ost	5,0	12.07.1909	26.05.1979	31.12.1994
Stendal Ost – Arendsee (Altmark)	44,3	12.07.1909		
Stendal – Peulingen	7,1	01.10.1908[1]		
Peulingen – Lückstedt-Dewitz	26,9	15.11.1908[1]		
Lückstedt-Dewitz – Arendsee (Altmark)	10,3	08.12.1908		
Klein Rossau – Arendsee (Altmark)	17,4	08.12.1908	27.05.1978[3]	30.05.1970[2]
Stendal Ost – Klein Rossau	26,9	08.12.1908	26.05.1979[3]	–
Borstel – Klein Rossau	22,9	08.12.1908	–	02.06.1985
Stendal Ost – Borstel	4,1	08.12.1908	–	31.12.1994
Stendal Ost – Arneburg (Elbe)[4]	17,7	02.05.1914	01.10.1972	01.10.1972
Stendal Ost – Hohenwulsch	29,0	1908 – 1921	01.08.1949	01.08.1949
Stendal Ost – Peulingen	7,1	01.10.1908[1]		
Peulingen – Darnewitz	6,2	23.10.1916		
Darnewitz – Hohenwulsch	15,7	18.10.1921		

Anmerkungen: 1 nur Güterverkehr; Reiseverkehr ab 08.12.1908; 2 Bedarfsgüterzüge noch bis zum 26.09.1970; 3 Schienenersatzverkehr bis zum 31.05.1986; 4 Die Strecke wurde von 1.000 mm auf 1.435 mm umgespurt. Die Schmalspurbahn Stendal – Arneburg (Elbe) wurde 1899 eröffnet.

Die Kleinbahn Goldbeck-Werben
Höchstgeschwindigkeit: 30 km/h; größte Neigung: 1 : 100; kleinster Radius: 200 m

Strecke	Länge (km)	Eröffnung	Einstellung PV	Einstellung GV
Goldbeck (Kr Osterb) – Werben (Elbe)	19,7	01.10.1898	25.09.1971	25.09.1971

Ferkeltaxen bestritten das letzte Jahrzehnt im Personenverkehr der Altmark (bei Kalbe, 1990)
J. Högemann

Badel ein. Zu den bekanntesten Leistungen gehörten dabei die kurzen Reisezüge zwischen Kalbe und Beetzendorf, die lediglich aus zwei Triebwagen-Beiwagen bestanden. Bis 1975 hatte die Dampftraktion auf den altmärkischen Kleinbahnen ausgedient. Als letzter „Bubikopf" wurde am 29. August 1975 die 64 212 abgestellt. Auch die Ära der Altbau-Triebwagen ging 1975 zu Ende, nachdem der Lokbahnhof Kalbe am 22. Juli 1975 den VT 135 541 aus dem Verkehr gezogen hatte.

Fortan bestimmten die als „Ferkeltaxen" bekannten Triebwagen der Baureihe 171 den Reiseverkehr auf den noch bedienten Strecken. Meist reichte ein Solo-Fahrzeug. Lediglich im Schüler- und Berufsverkehr wurden die Züge durch einen Beiwagen oder eine zweite „Ferkeltaxe" verstärkt. Die Baureihe 172 kam nur sehr selten zum Einsatz. Im Güterverkehr machten sich jetzt meist die Dieselloks der Baureihe 106 und 110 nützlich, wobei die 110 ab 1980 fast nur noch von Stendal aus eingesetzt wurde.

Die Situation nach der Wende

Mit den gravierenden wirtschaftlichen Folgen der deutschen Wiedervereinigung brach das Verkehrsaufkommen 1990/91 auf den letzten verbliebenen Kleinbahnen der Altmark zusammen. Die einst gut ausgelasteten Güterzüge fielen oft aus, in den Triebwagen saßen meist nur wenige Reisende. Die Deutsche Reichsbahn strebte deshalb eine zügige Stilllegung der Strecken an, zumal deren Oberbau immer schlechter wurde. Im Sommer 1993 bedienten die „Ferkeltaxen" nur noch die Abschnitte Hohenwulsch – Kalbe (Milde) und Salzwedel – Dähre im Reiseverkehr. Ab 1996 pendelten die Triebwagen lediglich zwischen Hohenwulsch und Kalbe (Milde). Fünf Jahre später wurde auch das beendet.

KLAUS RICHWALD

Die V 100 und Rekowagen wurden ab den 70er-Jahren auf vielen Nebenbahnen zum Standard. Im Juli 1988 ist 110 424 mit ihrem Zug auf dem Weg von Bernburg nach Calbe (Saale) Ost

Die Nebenbahn-Fahrzeuge der DR

Erbstücke und Eigenbauten

Ende der 40er-Jahre hatte es die Deutsche Reichsbahn mit einer kaum überschaubaren Fahrzeugvielfalt zu tun. Umbauten und Neubeschaffungen dienten vor allem zwei Zielen: der Vereinheitlichung und dem Traktionswandel

Nach dem Zweiten Weltkrieg und der Übernahme der Klein- und Privatbahnen war die Vielfalt der Betriebsmittel bei der Deutschen Reichsbahn beträchtlich angewachsen. Zu den Länderbahn- und Reichsbahn-Bauarten kam ein buntes Sammelsurium hinzu. Bei den Personenzug-Tenderloks waren dies die Baureihen 64[65], 69[61], 70[61,63,64], 74[66,67], 75[62,64,66,67], bei den Güterzug-Tenderloks die Baureihen 89[59-66], 90[64], 91[61-67], 92[60-68], 93[64-67], 94[67] und 95[66]. Des Weiteren übernahm die DR diverse Lokalbahn-Tenderloks als Baureihen 98[59-64], verschiedene Verbrennungstriebwagen VT 133[5], VT 135[5] und VT 137[5] sowie einige Verbrennungsmotorloks. Moderne Bauarten waren darunter kaum vorhanden, C- und D-gekuppelte Lokomotiven der Baureihen 89[59-66] und 92[60-68] machten mehr als die Hälfte des übernommenen Bestandes aus.

Anfang der 50er-Jahre verursachte diese Typenvielfalt erhebliche Engpässe beim Personenverkehr auf den Nebenbahnen – einschließlich der Schmalspurbahnen. Die Vorhaltung der benötigten Dampfloks war problematisch, die Materialbeschaffung für die unzähligen Bauarten schwierig, die Reparaturkapazität beschränkt. Im August 1953 eskalierte die Situation: Wegen des akuten Lokomotivmangels war der bevorstehende Herbstverkehr nun nicht einmal mehr auf den Schmalspurbahnen gesichert, da die Reichsbahnausbesserungswerke sich auf die Instandsetzung der 98er-Baureihen konzentriert und die Schmalspurlokomotiven zurückgestellt hatten.

Gleicher Standard für alle

In den Folgejahren bemühte sich die DR mit viel Aufwand, die Klein- und Privatbahnfahrzeuge dem technischen Standard der Reichsbahn-Baureihen anzugleichen. Einheitliche elektrische Beleuchtung, Ausrüstungsteile und Armaturen sollten die Dampflok-Bauarten verbessern. Einige wenige Loks wurden umfangreicher umgebaut, gleichzeitig erfolgte ab 1950, trotz des damals noch angespannten Triebfahrzeugbestandes, die Ausmusterung unwirtschaftlicher

Splitterbauarten. Dies betraf anfänglich Lokomotiven der Baureihe 98, denen bis 1965 zahlreiche dreifach gekuppelte Nassdampflokomotiven der Baureihe 89$^{59-66}$ folgten. Bis 1965 waren nahezu alle noch vorhandenen B- und C-Kuppler ausgemustert.

Im Bestand belassen hatte man noch modernere Bauarten und ELNA-Lokomotiven, die teilweise ab Juli 1970 EDV-Nummern erhielten. Sie wickelten gemeinsam mit den Baureihen 38$^{10-40}$, 55$^{25-56}$, 56$^{20-29}$, 57$^{10-35}$, 64, 86, 93$^{5-12}$, 94$^{5-17}$, 95^{0} den verbliebenen Betrieb auf den Nebenbahnen ab. Denn auch die ehedem auf Nebenbahnen anzutreffenden Länderbahn- und Reichsbahn-Baureihen 24, 38$^{2-3}$, 55$^{0-6, 7-14, 16-22}$, 56^{1}, 56$^{2-8}$, 74$^{0-3}$, 74$^{4-13}$, 75$^{4, 10-12}$, 75^{5}, 84, 89^{2}, 89$^{70-75}$, 90$^{0-2}$, 91$^{3-18}$, 91^{19}, 92$^{5-10}$, 93$^{0-4}$ und 98^{0} waren bis 1970 fast restlos ausgemustert.

Zu den zahlreichen Dampfloks gesellten sich noch wenige Verbrennungsloks, vorrangig Wehrmachts-Rangierdieselloks der Bauarten WR 200 B14 und WR 360 C 14, die als V 20 und V 36 eingereiht wurden. Dazu kamen Einzelfahrzeuge, die als V 15, V 16 oder V 22 Eingang in den Bestand fanden. Am längsten hielten sich die V 36, die in den Bw Wismar und Neuruppin bis weit in die 70er-Jahre beheimatet waren.

Modernisierung mit 83^{10}

Den ersten und einzigen Versuch, den Dampflokbestand für normalspurige Nebenbahnen zu modernisieren, unternahm die Reichsbahn mit der Baureihe 83^{10}. Das Zentrale Konstruktionsbüro der LOWA legte Ende 1952 die Entwürfe für diese 1'D2'-h2-Tenderlok vor. Die Baumusterlok wurde am 19. April 1955 ausgeliefert und anschließend bei der FVA Halle eingehend untersucht. Die Maschinen waren für eine Achsfahrmasse von 15 Tonnen sowie eine Höchstgeschwindigkeit von 60 km/h ausgelegt. Ihre Kohle- und Wasservorräte ermöglichten einen größeren Einsatzradius als bei den älteren Baureihen. Mit der Entscheidung zum Serienbau setzte die Reichsbahn zwar ein Zeichen, beließ es jedoch bei weiteren 26 Stück.

In ihrer Ausführung der 65^{10} sehr ähnlich, war die 83^{10} eine eigenständige Konstruktion für den Nebenbahndienst. Hier vor Personen- und Güterzügen durchaus geeignet, wurde sie im zweckentfremdeten Einsatz vor schweren Zügen auf Hauptstrecken oft überfordert. Ursprünglich erhielten die Rbd Halle und Magdeburg die Maschinen, bald waren sie auch auf den Strecken der Rbd Dresden und Erfurt anzutreffen. Doch die Neuschöpfung wurde rasch ein Opfer der Verdieselung; die letzten 83^{10} schieden 1972 nach nicht einmal

Mit der 83^{10} wollte die DR ältere Dampfloks ersetzen – was nur zum Teil gelang. Präsentation des ersten Exemplars 1955 in Halle (Saale)
U. Miethe (gr. Bild links), Slg. K. Richwald (o.)

20 Jahren aus dem Dienst; in diesem Jahr waren nur noch die Haldenslebener 83 1025 und 1027 aktiv.

Aushilfe durch 50 und 65^{10}

Sozusagen aushilfsweise bediente sich die DR bei den Nebenbahnen auch anderer Dampflok-Baureihen. Die rekonstruierten Ausführungen der Baureihe 50, nun 50^{35}, und Baureihe 52, nun 52^{80}, fanden sich auf Nebenstrecken ebenso ein wie die Neubauloks 50^{40} und 65^{10}. Allerdings waren dies keine speziellen Nebenbahn-Maschinen.

Diesel-Vorboten: V 15, V 23

Die Umstellung auf die neue Traktionsart wurde von der DR schon Mitte der 50er-Jahre eingeleitet. Das Typenprogramm für Dieseltriebfahrzeuge sah unter anderem eine zweiachsige dieselhydraulische Maschine mit Blindwelle und Stangenantrieb vor. Nach zwei Baumusterloks begann im Dezember 1959 die Lieferung der Nullserie V 15 1001-1005, eine weitere Kleinserie der V 15^{10} folgte bis Juni 1960 (V15 1006-1020). Als verbesserte – unter anderem mit stärkerem Motor ausgerüstete – Varianten erhielt die DR ab 1960 die V 15$^{20-21}$ bzw. ab 1963 die V 15$^{22-23}$.

Ab 1967 fertigte die Lokomotivbau „Karl Marx" Babelsberg (LKM) eine Variante mit einem 220-PS-Dieselmotor. Die Kraftübertragung entsprach jener der V 15, allerdings baute man bei der V 23 ein zweistufiges Strömungsgetriebe ein. Von März 1968 bis 1969 wurden 80 Maschinen für die Deutsche Reichsbahn gebaut.

Ob V 15 oder V 23, die eigentlich für den leichten Rangierdienst beschafften Maschinen wurden binnen kurzem auch auf den Nebenbahnen heimisch. Man sah sie vor kurzen Personenzügen oder als Triebwagenersatz mit Triebwagen-Beiwagen. Sie genügten für die leichten Dienste vor zwei oder drei Wagen auf den oftmals nur mit geringer Geschwindigkeit befahrbaren, kiesgebetteten Strecken. Im brandenburgischen Flachland, in der Magdeburger Börde wie auch am Rennsteig konnten die kleinen Lokomotiven ihre Vielseitigkeit unter Beweis stellen. Nicht selten wickelten sie den Betrieb bis zur Einstellung der in vielen Fällen unwirtschaftlichen Strecken ab.

Die Zwischenlösung: V 60

Auch die für den reinen Rangierdienst der Reichsbahn gedachten, ab 1961 gebauten V 60$^{10-11}$ waren öfter auf Nebenstrecken anzutreffen. Sie sollten ebenso wie die V 15 und V 23 helfen, die heruntergewirtschafteten Dampflokomotiven abzulösen. Doch blieb ihr Einsatz vor Güter- und Personenzügen oft nur eine Zwischenlösung bis zum Erscheinen der größeren Diesellok V 100.

Retter der Nebenbahnen: LVT

Parallel dazu forcierten die Verantwortlichen den Einsatz von Triebwagen. 1951 hatte Erwin Kramer, damals noch als Stellvertreter des Ministeriums für Eisenbahnwesen tätig, dem Technischen Zentralamt (TZA) den Auftrag gegeben, für den Personennahverkehr auf Nebenbahnen den Triebwagen-Verkehr zu reaktivieren. Damit wollte man den Dampflokbestand entlasten. In einem ersten Schritt sollten die vorhandenen Triebwagen instand und wieder eingesetzt werden. Im zweiten Schritt forderte man von der Industrie, einen Leichttriebwagen (LVT) für Nebenstrecken zu entwickeln, der den Altbaubestand ersetzen sollte.

Gemeinsam mit der Versuchsanstalt für Motorfahrzeuge und dem VEB Waggonbau Bautzen entwickelte das TZA die

Hintergrund

Keine ausschließliche Nebenbahnlok, aber auch auf Nebenbahnen zu finden: die Baureihe 119, hier im Juni 1991 in Rauenstein in Thüringen M. Engel

Grundlagen für ein solches Fahrzeug. Im Juli 1958 stand ein erstes Baumuster zur Verfügung, ein zweites wurde 1959 auf der Leipziger Frühjahrsmesse präsentiert. Hatte der Erstling noch einen westdeutschen Büssing-Motor bekommen, so verfügte das zweite Fahrzeug über einen Unterflur-Dieselmotor aus DDR-Produktion. Er stammte vom Motorenwerk Berlin-Johannisthal und war aus der geplanten Bauserie für die Dieselloks V 60, V 100 und V 180 abgeleitet worden.

Die Erprobung zeigte jedoch umfangreiche Mängel, so dass man in der Nullserie VT 2.09.003 – 007 einen für die V 15 entwickelten Motor der Elbewerke Roßlau verwendete. Neben dem Motor aus einheimischer Produktion fanden nun auch Getriebe aus dem VEB Getriebewerk Gotha Verwendung. Ab 1963 folgte die erste größere Serie mit VT 2.09.008 – 070. Gleichzeitig nahm man den Serienbau von Beiwagen auf.

Allerdings mussten diese Triebwagen noch an den Endpunkten der Strecken umsetzen. Das änderte sich ab 1964, als Bautzen die Baumuster der zweiten Ausführung lieferte. Neben den Triebwagen gab es nun auch einen Steuerwagen; die Fahrzeuge konnten als Wendezüge verkehren und auch in Mehrfachtraktion fahren. Die Serienlieferung der zweiten Bauform mit VT 2.09.103 – 116 folgte 1965.

Markenzeichen der Moderne

Mit dem Auslaufen der Roßlauer Motorproduktion nutzte man die Chance für eine dritte Bauform des LVT, die ab 1967 im VEB Waggonbau Görlitz entstand. In den auch äußerlich umgestalteten LVT baute man nun einen speziell entworfenen Unterflurmotor ein. Die Serie mit VT 2.09.201 – 273 wurde 1969/70 ausgeliefert. Dazu gehörten die Steuerwagen VS 2.08.201 – 273.

Die Reichsbahn besaß 1970 insgesamt 159 Trieb-, 89 Steuer- und 70 Beiwagen der LVT-Bauformen, die vorwiegend auf Nebenbahnen zu verkehrsschwachen Zeiten fuhren, aber auch einige Hauptstrecken bedienten. Für viele Jahre waren die „Ferkeltaxen" nicht mehr von den wenig frequentierten Strecken wegzudenken. Ob als Triebwagensolo oder als vierteilige Einheit, der rote Schienenbus wurde zu einem Markenzeichen der Nebenbahnmodernisierung bei der Deutschen Reichsbahn.

Den gesetzten Standard über die Jahre aufrecht zu erhalten, gestaltete sich jedoch manchmal schwierig. Fehlende Panoramascheiben, durchgerostete Holme der Wagenkästen oder der Mangel an Ersatzteilen für die Roßlauer Dieselmotoren ließen manche Notlösung entstehen.

Mit dem politischen Wandel und unter geänderten ökonomischen Bedingungen ging die Reichsbahn Anfang der 90er-Jahre an eine Modernisierung der LVT. Führer- und Innenraum wurden neu gestaltet, Motoren sowie Getriebe ausgetauscht, die Fahrzeuge neu gestrichen. Das Baumuster 772 009 wurde im Oktober 1991 vorgestellt. Von 1992 bis 1995 lief die Modernisierung fast der gesamten LVT-Flotte, zu der auch der Umbau von Bei- in Steuerwagen zählte. Eine Ausnahme war der Umbau von zwei Einheiten mit Erdgasbetrieb für die Usedomer Bäderbahn.

Die V 100 kommt

Über die Triebwagen hinaus wünschte die DR angesichts des überalterten Dampflokbestands auch noch eine Streckendiesellok für Nebenbahnen. Daher gab sie 1962/63 bei der Industrie

Solche Züge waren bis in die 70er-Jahre anzutreffen. Hier eine „Nachstellung" im April 1981 auf der für den regulären Betrieb nicht mehr genutzten Strecke Treuenbrietzen – Belzig Slg. K. Richwald

Nebenbahn-Fahrzeuge

Die wichtigsten Nebenbahn-Triebfahrzeuge in technischen Daten

Baureihe bis 1970		83[10]	99[23-24(1)]	99[77-79(2)]	V 15[10]	V 15[20-23]	V 23	V 60[10]	V 60[12]	V 100[0]	V 100[2]
Baureihe ab 1970		83.10	99.23-24	99.77-79	101.0	101.1-3	102.0	106.0-1	106.2-9	110.0-1	110.2-8
erstes Baujahr		1955	1954	1952	1959	1960	1968	1960	1964	1964/66	1969
Hersteller		LKM	LKM	LKM	LKM	LKM	LKM	LKM	LKM	LEW	LEW
Stückzahl		27	17	24	20	252	80	170	>960	173	695
Höchstgeschwindigkeit	km/h	60	40	30	32	37	55	60	60	100	100
mittl. Achslast	t	14,9	9,5	8,6	10	10,7	12	13,8	15	16,4	15,4
LüP	mm	15.000	11.730	10.000	6.940	6.940	6.940	10.880	10.880	13.940	13.940

Baureihe bis 1970		V 180[2-4]	VT 2.09.0, VB 2.07.5	VT 2.09.1, VS 2.08.1	VT 2.09.2, VS 2.08.2	E 251
Baureihe ab 1970		118.2-4	171.0/171.8	172.0/172.6	172.1/172.7	251.0
erstes Baujahr		1964	1957	1964	1968	1964
Hersteller		LKM	Waggonbau Bautzen	Waggonbau Bautzen	Waggonbau Bautzen	LEW
Stückzahl		206	70	16	73	15
Höchstgeschwindigkeit	km/h	120	90	90	90	80
mittl. Achslast	t	15	19,3	19,3	19,3	20,8
LüP	mm	19.460	13.180	13.180	13.180	18.640

(1) Schmalspur 1.000 mm (2) Schmalspur 750 mm

einen Dieselloktyp mit 1.000 PS Leistung in Auftrag; er sollte die Lücke zwischen der V 60 mit 650 PS und der V 180 mit 1.800 bzw. 2.000 PS schließen. LKM stellte 1964 auf der Leipziger Frühjahrsmesse die V 100 001 und ein Jahr später die V 100 002 der Öffentlichkeit vor. Die Baumusterlokomotive V 100 001 war noch mit einem 900-PS-Motor der V 180 ausgestattet, die V 100 002 besaß bereits den späteren Serienmotor. Wesentliches Ziel blieb auch bei der V 100 die Standardisierung der Fahrzeugkomponenten.

Nach dem Beschluss, die Serienlieferung beim VEB Kombinat Elektrotechnische Werke in Hennigsdorf (LEW) ausführen zu lassen, wurde hier eine dritte Vorauslok (V 100 003) gefertigt. Nach eingehender Erprobung der Baumusterfahrzeuge lieferte das LEW ab Januar 1967 insgesamt 168 Lokomotiven der als Bauart V 100[1] bezeichneten Serie aus. Mit der Abnahme von V 100 171 durch die DR am 30. Dezember 1969 war die Fertigung zunächst abgeschlossen.

Das Stufengetriebe der Lok besaß einen Rangiergang, der auch den Einsatz für Rangierarbeiten oder schwere Güterzüge ermöglichte. Weil die V 100 jedoch weit mehr im Nebenbahndienst Verwendung fand, verzichtete man in der ab Januar 1970 gebauten Ausführung auf das Stufengetriebe (die V100 201 wurde als Vorauslok der neuen Serie bereits im November 1969 abgeliefert). Damit sank die Leermasse von 61,2 auf 58,7 Tonnen, die Dienstmasse von 66,1 auf 63,2 Tonnen. Die mittlere Achslast betrug 15,4 statt 16,5 Tonnen, so dass die Lok auch Nebenbahnen mit schwachem Oberbau befahren konnte. Bis zum Frühjahr 1978 lieferte das LEW weitere 696 Maschinen der V100[2-8] an die Deutsche Reichsbahn.

Die Maschine wurde nahezu zum „Mädchen für alles". Die Reichsbahn bemühte sich, wo möglich, mit der V 100 (später: 110) die Umstellung von Dampf- auf Dieselbetrieb voranzutreiben. Neben den Einheitsdampfloks der Baureihen 64 und 86 bestimmten die V 100 ab den 70er-Jahren das Bild auf zahlreichen Nebenbahnen. Sie fuhren Personenzüge, wo LVT oder kurze Züge mit

Retter vieler Nebenbahnen: die LVT, hier in Ohrdruf (April 1990) M. Engel

Eine Kleinlok und zwei Beiwagen bilden 1972 den „Wüsten-Express" Pegau – Groitzsch

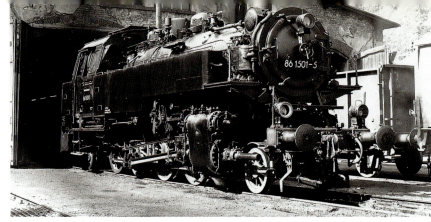

Rückkehr der Einheitslok: Um Dieselkraftstoff zu sparen, reaktivierte die DR Anfang der 80er-Jahre einige 86er; 86 1501 in Annaberg-Buchholz, Mai 1985 Slg. R. Heym (Bild l.), Slg. K. Richwald (o.), U. Miethe (u.)

der 101 oder 102 nicht genügten, und übernahmen viele Aufgaben im Güterverkehr.

Große Lösung: V 180 C'C'

Kein Fahrzeug ausschließlich für Nebenbahnen war die wuchtige V 180, eine zweimotorige Diesellok mit hydraulischer Kraftübertragung. Die ab 1962 entwickelte vierachsige Variante (V 180 B'B') eignete sich wegen ihrer Achslast nur für Hauptbahnen; die ab 1964 von LKM gebaute sechsachsige Version (V 180 C'C') dagegen erlangte die nebenbahntaugliche Achsfahrmasse von 15 Tonnen. Von der Maschine entstanden bis 1970 insgesamt 206 Exemplare, die fortan die schweren Aufgaben auf Nebenbahnen übernahmen. Zur Ergänzung erhielt die DR ab 1976 aus rumänischer Produktion noch die Baureihe 119. Die sechsachsige dieselhydraulische Maschine war ebenfalls für Haupt- wie Nebenbahnaufgaben geeignet.

Für 750-Millimeter-Bahnen beschaffte die DR die 99$^{77-79}$ (Hammerunterwiesenthal, 1979)

Sonderbauformen

Neben diesen „Hauptlinien" der Entwicklung gab es noch Sonderentwicklungen und Umbauten, die zum Teil nur für ein begrenztes Einsatzgebiet entstanden. Hierzu zählt die 50-Hertz-Elektrolok E 251 (spätere 251.0) für die Rübelandbahn; von ihr baute LEW ab 1964 insgesamt 15 Stück. In den 60er- bzw. 80er-Jahren „rekonstruierte" das Raw Berlin-Schöneweide die Elektrotriebwagen der Oberweißbacher Bergbahn und der Buckower Kleinbahn; die Ergebnisse kamen teils einem Neubau gleich, bei dem das Werk viele Komponenten der Berliner S-Bahn verwendet hatte.

Aus der Not eine Tugend: Rekowagen

Noch größer als bei den Loks war die Vielfalt bei den Reisezugwagen für Nebenbahnen: Hier fuhren Länderbahnbauarten (Abteil-/Durchgangswagen), DRG-Einheitswagen, Privatbahnwagen und einiges mehr. Das Einsatzalter lag zumeist deutlich über 30 Jahren.

Als das Raw Gotha 1956 mitteilte, kein Rotbucheholz mehr für die Reparatur von Abteilwagenkästen beschaffen zu können, dachte die DR intensiv über die Modernisierung des Reisezugwagenparks nach. Ab 1957 begann die Reichsbahn mit der Rekonstruktion von zwei- und dreiachsigen Länderbahnreisezugwagen, zumeist aus dem überalterten Abteilwagenbestand preußischer oder sächsischer Herkunft. Das Raw „Einheit" Leipzig in Engelsdorf baute 1957 einen ersten Baumusterwagen.

Von dem Spenderfahrzeug wurde nur das Untergestell verwendet, der Wagenkasten als beblechtes Stahlgerippe neu ausgeführt. Die Fensterteilung und die Fenster glichen der Ausführung, wie sie der vierachsige Neubauwagen mit Mitteleinstieg (B4üp-55) aufwies. Der Baumusterwagen verfügte über 44 Sitzplätze in der 2.Klasse, die mit ihrem Stahlrohrgestell sowie den mit grünem Kunstleder bezogenen Sitzflächen, Rücken- und Armlehnen der Ausführung der modernen Doppelstockwagen aus Bautzen folgten.

Dem Baumusterwagen (mit der Bezeichnung B3g-57) schloss sich 1958 eine Vorserie mit zwölf Wagen an (B3g-57a).

Viele verschiedene Loktypen kamen von den Klein- und Privatbahnen in den DR-Bestand. Die 99 3361 befuhr die Strecke Friedland – Anklam, hier im Juli 1966 in Wegezin-Dennin
K. Kieper

Noch im gleichen Jahr begann das Raw Halberstadt mit der Serienfertigung der zwei- und dreiachsigen Rekowagen B3g(e)-57. Sie verfügten über eine Toilette und 48 Sitzplätze. Bis Ende September 1964 wurden nicht weniger als 2.608 Sitzwagen umgebaut, unter anderem entstand auch eine Version mit Traglastenabteilen (B3gtr(e)). In ähnlicher Form wurden außerdem einige zweiachsige Einheitswagen der DRG modernisiert.

Die Schmalspurbahnen

Ähnlich bunt war der Bestand an Triebfahrzeugen bei den Schmalspurbahnen. Hier gab es vier Spurweiten, einige Loks hatten bereits über 50 Dienstjahre erreicht. Außerdem bestand ein akuter Lokmangel, da zahlreiche Maschinen 1945/46 als Reparationsleistung an die UdSSR abgegeben werden mussten. So entschloss sich die Reichsbahn, noch vor einer normalspurigen Neubaulok für Nebenbahnen zwei Bauarten für Schmalspurbahnen in Auftrag zu geben. Diese waren für 750 bzw. 1.000 Millimeter Spurweite gedacht. Für Erstere stellte LKM auf der Leipziger Frühjahrsmesse 1952 die Baureihe 99$^{77-79}$ vor. Bis 1957 wurden 26 Stück gebaut, davon 24 für die DR, sie fast ausnahmslos auf den sächsischen Schmalspurstrecken einsetzte. Ab 1954 folgte die meterspurige 99$^{23-24}$, gedacht für das Harzer Schmalspurnetz sowie die Strecke Eisfeld – Schönbrunn.

Anders als bei den Normalspurloks wurden ab 1962 mehrere Baureihen überarbeitet; die sächsische IV K, Reihe 99$^{51-60}$, und verschiedene 1949 übernommene Schmalspurloks erhielten sogar eine Generalreparatur. Neun Loks der Baureihe 99$^{64-70}$ wurden ab 1963 mit neuen Rahmen, Kesseln, Führerhäusern sowie Vorratsbehältern ausgestattet.

Nur ansatzweise beschaffte die DR auch Schmalspurbahn-Dieselloks. Zwei Prototypen von LKM aus dem Jahre 1956 (V36 4801 und 4802) bewährten sich nicht. Für das Harzbahnnetz wurden dann 1988/90 insgesamt 30 Maschinen der V 100 mit Schmalspurdrehgestellen ausgerüstet.   DIRK WINKLER

Nebenbahn-Fahrzeuge

Mit Hilfe der Kurve in Falkenberg (Elster) konnten die Güterzüge den Bahnhof umgehen. Im April 1977 fährt 52 4893 in den Bogen ein   R. Heym (2)

Nebenbahnen als Verbindungsstrecken

Wichtige Ergänzung

Neben den „gewöhnlichen" Nebenbahnen gab es auch spezielle Zubringer: die Verbindungsstrecken

Selbst wenn sie einen Anfangs- oder Endbahnhof besaßen, waren sie im Kursbuch kaum aufgeführt. Dessen ungeachtet stellten die Verbindungsstrecken oder Verbindungskurven eine wichtige Ergänzung im Netz dar.

Zivile und militärische Ziele

Sie wurden notwendig, um auf Turmbahnhöfen Fahrten zwischen dem unteren und dem oberen Bahnhof zu ermöglichen, um auf Rangierbahnhöfen die Verbindung mit anderen Bahnhofsteilen zu schaffen, insbesondere mit dem Personenbahnhof, und um zwei Strecken zu verbinden und dabei das Wenden („Kopfmachen") der Züge auf dem nächsten Bahnhof zu vermeiden.

Außerdem wurden Verbindungskurven aus strategischen Gründen angelegt, um „im Ernstfall", also bei der Zerstörung von Eisenbahnknoten, die großen Bahnhöfe umgehen zu können. Diese waren in der DDR weit verbreitet. Die meisten waren lediglich gebaut und für die Inbetriebnahme vorbereitet; einige sind auch für den normalen Zugverkehr benutzt worden, wie die von Beyern nach Klein Rössen und dort sowohl nach Herzberg (Elster) West als auch nach Herzberg (Elster) Stadt. Die drei Verbindungskurven waren Nebenbahnen.

Verbindungskurven als Nebenbahnen umgingen auch die Bahnhöfe Prenzlau und Pasewalk, im Einzelnen mit den Strecken Abzweigstelle Nord – Prenzlau West bzw. Belling – Charlottenhof (Kr Pasewalk). Über die Nebenbahn Jüterbog Neues Lager – Dennewitz fuhren manchmal die Transitzüge Berlin – München und die Güterzüge Seddin – Halle, um den Bahnhof Jüterbog zu meiden. Zwei Nebenbahn-Kurven verbanden die Hauptbahnen Magdeburg – Halle und Berlin – Güsten, die nördliche von der Abzweigstelle Seehof nach Werkleitz, die südliche von Tornitz nach Calbe (Saale) Ost.

Verbindungsbahnen oder -kurven zwischen Bahnhöfen und Bahnhofsteilen als Nebenbahnen waren selten. Vom Güterbahnhof Rostock führten zwei Nebenbahn-Kurven zum Hauptbahnhof und zur Abzweigstelle Warnowbrücke West (– Stralsund). In Blankenburg (Harz) nutzten die Güterzüge der Rübelandbahn eine Verbindungskurve von der Nebenbahn aus Halberstadt zu der nach Elbingerode. Von vielen Kurven, die Strecken und Bahnhofsteile verbinden, war der Charakter als Haupt- oder Nebenbahn nicht zu bestimmen, weil sie als Bahnhofsgleise galten.

Pragmatische Bauweise

Wie die Eisenbahnen allgemein, so ging auch die DR beim Bau der Verbindungskurven recht pragmatisch vor. Wenn der Zubringer an eine Hauptbahn anschloss, zog sie den Bau einer Hauptbahn vor. Standen aber für den Bremsweg, den Abstand vom Vor- zum Hauptsignal, nicht mindestens 700 Meter zur Verfügung, konnte die Kurve nur als Nebenbahn gebaut und betrieben werden. Schloss an die Verbindungsbahn sowieso nur eine Nebenbahn an, dann war die Streckenkategorie belanglos.   ERICH PREUSS

Auf dem Weg nach Herzberg stampft 52 1892 im Oktober 1985 durch den Bahnhof von Holzdorf

Von Brandenburg nach Vorpommern: die Schmalspurbahn Klockow – Pasewalk
Kurze Episode

Auf der 750-Millimeter-Strecke fuhren bis 1948 nur Güterzüge. Dann kamen auch Reisezüge hinzu; sie hielten sich gerade einmal 13 Jahre

Ende des 19. Jahrhunderts betrieben einige Güter im nordöstlichen Teil des zur preußischen Provinz Brandenburg gehörenden Kreises Prenzlau eine intensive Landwirtschaft. Die dortigen Gutsbesitzer wünschten vor allem bessere Transportbedingungen zur Staatseisenbahn nach Pasewalk.

Beginn als Pferdebahn

So lag es nahe, einen von den Bahninteressenten finanzierten Schienenstrang von Klockow nach Pasewalk zu errichten, wobei eine mit Pferdekraft betriebene Schmalspurbahn zunächst den Anforderungen genügen sollte. Am 6. September 1892 wurde die Kleinbahn Klockow-Pasewalk GmbH (KKP) mit einem Stammkapital von 120.000 Mark gegründet. Für den Bahnbau gewann man die Spezialunternehmen F. & J. Heinke aus Legde in der Westprignitz und R. Dolberg aus Rostock. Beide Unternehmen überzeugten die im Kleinbahnbau unerfahrene Geschäftsführung der KKP davon, eine Bahnanlage mit der wenig verbreiteten Spurweite von 700 Millimetern zu errichten. Der Hintergedanke: Damit fanden die Baufirmen einen Abnehmer für ihr Oberbaumaterial und die dazugehörigen Güterwagen.

Am 1. Juli 1893 eröffnete die KKP den Güterverkehr auf der 16 Kilometer langen Strecke. Die Schmalspurbahn diente dem nichtöffentlichen Güterverkehr für die Anlieger zwischen Klockow (Provinz Brandenburg) und Pasewalk (Provinz Pommern). Obwohl das Unternehmen als „Kleinbahn" bezeichnet wurde, erhielt es zunächst keine Konzession nach dem preußischen Kleinbahngesetz von 1892.

Von Anfang an waren mehrere Betriebsführer für den Pferdebahnbetrieb zuständig. Beladene Wagen wurden in Bröllin gesammelt. Auf dem etwa drei Kilometer langen Streckenteil zwischen

Bis 1961 zuckelten die Züge von Klockow nach – und durch – Pasewalk Slg. W.-D. Machel

Schmalspurbahn Klockow – Pasewalk

Großes Bild links: Fahrt durch Pasewalk 1960
Slg. W.-D. Machel

Bröllin und Pasewalk befand sich ein Ausweichgleis für unbeladene Wagen. Dank der Hangabtriebskraft rollten die meist beladenen und von einem Bremser begleiteten Wagengruppen auf diesem Streckenabschnitt mit einer Neigung von 1:43(!) von allein. Am Pasewalker Stadtrand übernahmen Lohnfuhrunternehmer den Transport der Feldbahnwagen; mit eigenen Pferden brachten sie diese zum Kleinbahnhof Pasewalk.

Umstellung auf Lokbetrieb

Das ständig steigende Transportaufkommen konnte Pferde auf Dauer nicht mehr bewältigen. Zudem bestand Interesse an öffentlichem Güterverkehr. Anfang 1899 beantragte die Kleinbahn Klockow-Pasewalk GmbH, ihr Unternehmen in eine Schmalspurbahn mit 750 Millimetern Spurweite umzubauen, die für den öffentlichen Personen- und Güterverkehr mit Lokomotivbetrieb gedacht war und über Klockow hinaus bis nach Prenzlau führen sollte. Der Bahnbau kam jedoch aus Geldmangel nicht zustande.

Erst im Juli 1907 beantragten die Gesellschafter der KKP „die Umwandlung der Bahn vom Pferdebetrieb auf Maschinenbetrieb". Doch zunächst musste die KKP ihre Anlagen den Bestimmungen des Kleinbahngesetzes anpassen: die Strecke wurde auf 750 Millimeter Spurweite umgespurt und man stellte Einrichtungen für den Lokbetrieb auf. Es dauerte bis zum 8. Juni 1909, bis die KKP zwischen Klockow und Pasewalk öffentlichen Güterverkehr betreiben durfte.

Für den Bahnbetrieb standen jetzt zwei Cn2t-Dampflokomotiven von Orenstein & Koppel (ab 1949: DR-Nummern 99 4612 und 99 4613) und 75 teilweise von 700- auf 750-Millimeter-Spur umgebaute Güterwagen zur Verfügung. Das Verkehrsaufkommen entwickelte sich zufriedenstellend; die Betriebseinnahmen deckten die Ausgaben. Im November

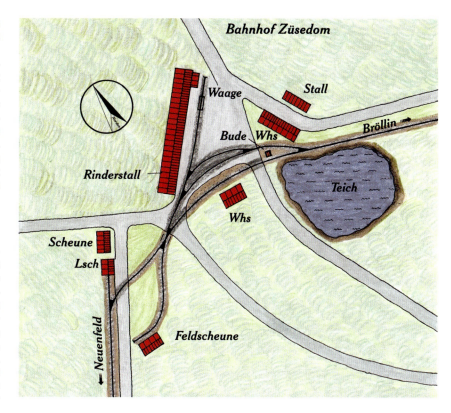

1915 erhielt die KKP in Klockow einen direkten Anschluss an die normalspurige Kleinbahnstrecke aus Prenzlau. Nun gab es nicht nur in Pasewalk, sondern auch hier einen Übergangsverkehr zwischen Schmal- und Normalspurbahn.

Nur ein Zugpaar täglich

Die Streckenlänge betrug wie zu Pferdebahnzeiten 16 Kilometer. Die umfangreichsten Gleisanlagen befanden sich im Kleinbahnhof Pasewalk. Hier gab es einen zweigleisigen Lokomotivschuppen mit Werkstatt, eine Güterabfertigung mit Stückgutschuppen sowie eine Gleiswaage. Die Betriebs-, Verkehrs- und Anschlussgleise in den Gutsbezirken entsprachen vorwiegend den Bedürfnissen der Bahneigentümer.

Außerhalb der Erntemonate verkehrte täglich ein Güterzugpaar zwischen Pa-

Das Schild „K.K.P." – Eigentumszeichen der Privatbahn – prangte auch noch zu DR-Zeiten an Lok 99 4613 Slg. W.-D. Machel; Pläne: WDM/B. Siedel (2)

sewalk und Klockow. Während der Getreide- und Kartoffelernten sowie der Rübenkampagnen wurden zusätzliche Bedarfsgüterzüge eingelegt, die das Anheizen der zweiten Lokomotive erforderten. Während des Zweiten Weltkriegs wuchs die Bedeutung der KKP, da man-

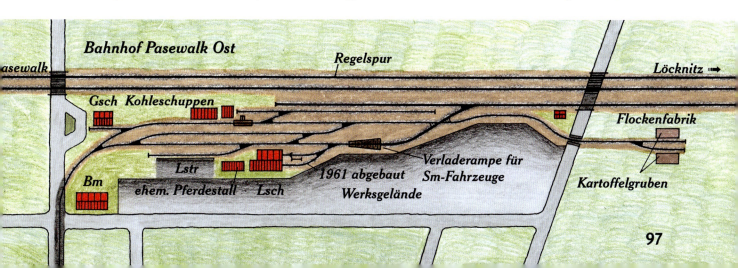

Geschichte

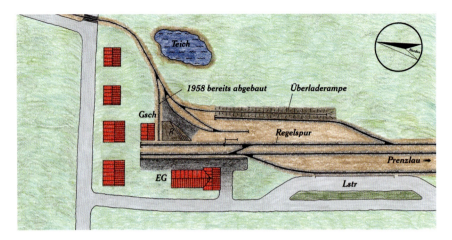

Station auf dem Lande: der Bahnhof von Klockow, hier im Zustand von 1958 WDM/B. Siedel

musste die Bahn erste Einbußen im Güterverkehr hinnehmen, setzten doch die LPG eigene Lastkraftwagen ein. Der Abwärtstrend setzte sich fort, so dass die DR plante, mit dem Fahrplanwechsel im Herbst 1958 auf der Schmalspurbahn den Reiseverkehr und nach der Erntezeit auch den Güterverkehr einzustellen. Indes konnte sie ihr Stilllegungsvorhaben mangels Kraftfahrzeuge nicht durchsetzen.

gels Lastkraftwagen wieder ausschließlich die Bahn Güter transportierte. In den letzten Kriegstagen kam der Verkehr auf der KKP gänzlich zum Erliegen.

Schwerer Neuanfang

Anfang Dezember 1945 begann der Zugverkehr auf der KKP wieder. Da die Strecke Prenzlau – Klockow bereits im Spätsommer 1945 demontiert worden war, bestand nach dem Wiederaufbau des ebenfalls abgebauten normalspurigen Anschlussgleises zur KKP in Pasewalk hier die einzige Übergangsmöglichkeit zum übrigen Schienennetz.

Vom 1. November 1946 an übernahmen die Prenzlauer Kreisbahnen die Betriebsführung der KKP. Im Dezember 1947 stellte die nunmehr als oberste Behörde für die KKP zuständige Generaldirektion Landesbahnen Brandenburg fest: „Nach Entscheidung der Landesregierung Brandenburg, Minister für Wirtschaftsplanung, Abt. Land- und Forstwirtschaft, vom 14. November 1947 ist die Kleinbahn Klockow-Pasewalk nach erfolgter Enteignung der

Im September 1958 wartet das Personal des Gmp in Klockow; hinten der Normalspurzug P 1224 nach Prenzlau   Slg. W.-D. Machel

Großgrundbesitzer der früheren Gesellschaft Kleinbahn Klockow-Pasewalk GmbH uns unterstellt worden."

Ab 1948 auch Reiseverkehr

In den Nachkriegsjahren hatte der Güterverkehr große Bedeutung für die KKP. Durch die Lebensmittelknappheit entwickelte sich auf der Kleinbahn bald auch ein „wilder" Personenverkehr in Güterwagen. Daraufhin führten die Landesbahnen Brandenburg auf der Schmalspurbahn zum 1. Februar 1948 den planmäßigen Reiseverkehr ein. Zunächst verkehrten werktäglich zwei Reisezugpaare, die später durch ein drittes Zugpaar ergänzt wurden. Damals verfügte die KKP über zwei Loks, 75 Güterwagen und einen von den Prignitzbahnen aus Perleberg angemieteten Personenwagen.

Von der DR übernommen

Mit der Übernahme durch die Reichsbahn am 1. April 1949 gehörte die ehemalige KKP zur Rbd Greifswald und galt fortan als schmalspurige Nebenbahn. Grundsätzlich verkehrten Güterzüge mit Personenbeförderung (Gmp), denen stets ein gedeckter Güterwagen für den Stückguttransport beigestellt war.

Mit der Bildung von Landwirtschaftlichen Produktionsgenossenschaften (LPG)

Stillgelegt in zwei Etappen

Ab 1960 wurde der Versand landwirtschaftlicher Erzeugnisse bis auf Zuckerrüben von Kraftfahrzeugen übernommen. Im selben Jahr brachte die Schmalspurbahn noch Kohle, Düngemittel und Baustoffe auf das Land.

Inzwischen war der Oberbau so stark verschlissen, dass die zuständige Bahnmeisterei die Höchstgeschwindigkeit von (ohnehin nur) 12 auf 8 km/h begrenzte. Da der Reichsbahn Instandsetzungskapazitäten fehlten und sie die Strecke schnell loswerden wollte, trat am 6. Februar 1961 die Fahrplanänderung 112 in Kraft. Sie ordnete die sofortige Sperrung des völlig verrotteten Gleises zwischen Schönfeld und Klockow aus Sicherheitsgründen an. Offiziell wurde der Reiseverkehr am 27. Mai 1961 eingestellt; wahrscheinlich endete er aber schon mit der erwähnten Fahrplanänderung. Gerade einmal 13 Jahre Bestand machten die Reisezüge Klockow – Pasewalk zu einer kurzen Episode.

Der verbliebene Bedarfsgüterverkehr konzentrierte sich nun auf die Ladestellen Bröllin, Züsedom und Neuenfeld. Er entfiel dann ab 28. September 1963, die Gesamtstrecke wurde stillgelegt. Nachdem die Gleisanlagen am 1. Oktober 1963 zum Abbau durch örtliche Schrottfirmen freigegeben worden waren, rollte drei Tage später noch ein Abschiedszug mit geladenen Eisenbahnern von Pasewalk nach Züsedom und zurück. Damit endete die Geschichte dieser wenig bekannten Schmalspurbahn in den preußischen Provinzen Brandenburg und Pommern.

WOLF-DIETGER MACHEL

Schmalspurbahn Klockow – Pasewalk

Eine Nebenbahn mit militärischer Bedeutung
Die Panzerstrecke

Die ehemalige Kleinbahn Heudeber-Danstedt – Hessen im nördlichen Harzvorland erfüllte eigentlich nur lokale Bedürfnisse. Doch auch in den Planungen der Nationalen Volksarmee (NVA) spielte die Strecke eine Rolle

Ertüchtigung: Im Februar 1977 rüstete eine Gleisbaukolonne die Strecke Heudeber – Zilly mit einem neuen, stärkeren Oberbau aus

Als die Deutsche Reichsbahn am 7. Dezember 1969 den Zugverkehr auf der Strecke Heudeber-Danstedt – Hessen (Kr Halberstadt) einstellte, schien die Geschichte der 1898 eröffneten Kleinbahn Heudeber-Mattierzoll besiegelt. Wie bei allen aufgegebenen Strecken räumten die Eisenbahner in den folgenden Wochen die Bahnhofsgebäude und übergaben sie den Gemeinden zur Nutzung. Aber das sonst obligatorische Stilllegungsverfahren und der dann folgende Streckenrückbau unterblieben. Zwar wunderten sich die Anwohner und die Eisenbahner darüber, doch der Grund dafür war nur wenigen Eingeweihten in der Reichsbahndirektion (Rbd) Magdeburg bekannt.

Anfuhrstrecke fürs Militär

Denn die eher unscheinbare Strecke war ein wesentlicher Bestandteil in den strategischen Planungen der Nationalen Volksarmee (NVA). Im so genannten Verteidigungsfall sollte die ehemalige Kleinbahn als Anfuhrstrecke für Geschütze, Panzer und Truppen genutzt werden. Als Entladebahnhof sollte jener in Zilly fungieren, da es hier zwei Rampen und eine 175 Meter lange Ladestraße mit zwei Ladegleisen (180 und 184 Meter nutzbare Länge) gab. Aus diesem Grund musste die Rbd Magdeburg die rund 17 Kilometer lange Strecke weiterhin vorhalten. Im Verteidigungsfall sollte die ehemalige Kleinbahn innerhalb von 24 Stunden reaktiviert werden.

Mitte der 70er-Jahre befand sich die Strecke in einem desolaten Zustand. Der Oberbau – er stammte zumeist aus den 20er-Jahren – war völlig verschlissen. Doch die NVA beeindruckte das wenig. Die Militärs befahlen Ende 1976 die gründliche Sanierung des Abschnitts Heudeber-Danstedt – Zilly. Die Rbd Magdeburg handelte umgehend. Im Februar 1977 rückten Baukolonnen des Gleisbaubetriebes Bitterfeld an, die den rund 6 Kilometer langen Abschnitt binnen einer Woche auf Vordermann brachten. Der alte Oberbau wurde abgetragen und durch neue Gleise mit Profilen des Typs S 49 ersetzt. Damit konnte die zulässige Achsfahrmasse von 15 auf 20 Tonnen erhöht werden.

Bahn im Dornröschenschlaf

Nach dieser Modernisierung versank die Panzerstrecke, die von der Rbd Magdeburg als „sonstiges Nebengleis" geführt wurde, wieder im Dornröschenschlaf. Der Werkteil Quedlinburg des Reichsbahnausbesserungswerks „Einheit" Leipzig nutzte die Strecke zwischen dem Abzweig Mulmke und Zilly als Abstellgleis für die Kesselwagen-Reserve der DR. Nur wenn Wagen ausgetauscht werden mussten, rollten wieder für einige Stunden Räder über die Gleise. Bei dieser Gelegenheit konnte die Rbd Magdeburg auch die Betriebsfähigkeit der Strecke an die NVA melden.

Erst nach der Wende und der deutschen Wiedervereinigung hatte die Aufmarschstrecke ausgedient. Nachdem das Raw Quedlinburg zum Jahresende 1992 die letzten 177 Kesselwagen abgefahren hatte, wandelte die DR die ehemalige Kleinbahn zum 1. Januar 1993 in ein Streckenrangiergleis um. Zwei Jahre später folgte die Stilllegung. Die Gleise liegen jedoch bis heute und werden schrittweise von der Natur zurückerobert.

KLAUS RICHWALD

Auch die 118 mit blendfreien Stirnfenstern, „Schlägermütze" genannt, kam bei den Umbauarbeiten zum Einsatz H. Röper/Slg. K. Richwald (2)

Nachkriegsjahre bis Vorwendezeit

DR-Nebenbahnen von den Nachkriegsjahren bis zur Vorwendezeit
Begehrt und umstritten

Ab 1949 wurden alle Nebenbahnen und ehemaligen Kleinbahnen auf DDR-Gebiet von der Reichsbahn betrieben. Bis in die 80er-Jahre erlebte das Netz ein Wechselbad: Blütezeit, Schrumpfkurs, zuletzt Erhalt

Die Strecke Schlettau – Crottendorf faszinierte bis 1988 durch Dampfbetrieb. Im Mai 1982 passiert 86 1001 mit P 19642 das Rathaus von Crottendorf J. W. van Dorp

Hintergrund

Der Anstieg des Autoverkehrs ließ die Fahrgastzahlen bei der DR sinken, wenngleich nicht so stark wie im Westen. Im April 1988 reichte der solo fahrende 171 048 aus, um die „Wipperliese" Klostermansfeld – Wippra zu bedienen. Hier legt der Triebwagen einen Halt in Biesenrode ein   R. Heym

Am 11. August 1945 befahlen die sowjetischen Machthaber, die der Deutschen Reichsbahn gehörenden Eisenbahnen in der von ihnen besetzten Zone neu zu ordnen. Mit dem „Befehl des Befehlshabers der militärischen Gruppe der Okkupationszone und des Befehlshabers der Transportabteilung der Sowjetischen Militäradministration in Deutschland Nr. 8" wurde die Übernahme des Bahnbetriebs durch deutsche Eisenbahner angeordnet. In der DDR deutete man dies später als Übergabe der Deutschen Reichsbahn „in Volkes Hand"; die Reichsbahn (Ost) sollte damit als „volkseigenes Unternehmen" gelten. In diesem Sinne waren auch die von der Deutschen Reichsbahn (DR) betriebenen Nebenbahnen, darunter etliche Schmalspurstrecken, zu Volkseigentum geworden. Die Privat- und Kleinbahnen in der sowjetischen Besatzungszone (SBZ) fielen zunächst nicht unter den Befehl.

Die sowjetische Besatzungsmacht behielt sich allerdings weiterhin grundlegende Entscheidungen über den Bahnbetrieb vor. Mehr noch: Während sich die Eisenbahner um den Wiederaufbau der zum Teil völlig zerstörten Bahnanlagen und Fahrzeuge bemühten, begannen die Sowjets im Juni 1945 mit der Demontage von Gleisanlagen.

Reparationen für die UdSSR

Die gewonnenen Oberbaustoffe waren offiziell für den Aufbau der im Zweiten Weltkrieg zerstörten Schieneninfra-

Politische Parole und Schmalspurdampflok – Niederschmiedeberg im Juli 1984   D. Höllerhage

Was ist eine Nebenbahn?

Offiziell wurde der Begriff „Nebenbahn" in Deutschland mit der „Bahnordnung für Nebeneisenbahnen" vom 5. Juli 1892 eingeführt. Dieses Gesetz löste die am 6. Juni 1878 vom Bundesrat des Deutschen Reichs erlassene „Bahnordnung für die Bahnen untergeordneter Bedeutung" ab. Nebenbahnen durften sowohl schmalspurig als auch normalspurig ausgeführt werden und waren für den allgemeinen Verkehr zugelassen, was bedeutete, dass auf diesen Strecken die gleichen Abfertigungsbefugnisse im Reise- und Güterverkehr bestanden wie auf den Hauptbahnen. Nebenbahnen durften aber einfacher trassiert werden. Erlaubt waren im Vergleich zu den Hauptbahnen kleinere Bogenhalbmesser, stärkere Neigungen, einfachere Sicherungsanlagen, aber ebenso unbewachte Wegübergänge und nicht zuletzt ein leichterer Oberbau. Dadurch war es möglich, auch Einzugsbereiche mit geringerer verkehrlicher Bedeutung durch Eisenbahnstrecken zu erschließen; diese Strecken erforderten ja wesentlich geringere Bau-, Betriebs- und Personalkosten als Hauptbahnen. Allerdings war die Höchstgeschwindigkeit auf Nebenbahnen viele Jahrzehnte auf maximal 50 bzw. 60 km/h festgelegt. Die baulichen und betrieblichen Anforderungen an eine Nebenbahn wurden in der erstmals 1905 erschienenen Eisenbahn-Bau- und Betriebsordnung (BO bzw. EBO) exakt festgelegt, die 1928 und 1943 durch Neuauflagen aktualisiert worden ist. Bei der Deutschen Bundesbahn wie auch bei der Deutschen Reichsbahn blieb dieses Vorschriftenwerk im Wesentlichen erhalten und wurde lediglich punktuell verändert.

struktur in der Sowjetunion bestimmt. Die Besatzer ließen nicht nur fast überall das zweite Gleis und unzählige Nebengleise auf Bahnhöfen und Stellwerkstechnik der Hauptbahnstrecken abbauen, sondern auch viele Nebenstrecken. Die von diesen Bahnen erschlossenen Regionen mussten fortan auf das eigentlich dringend benötigte Verkehrsmittel verzichten.

Die Demontage von Nebenbahnen wurde bis 1947 im Wesentlichen abgeschlossen. In einigen Fällen gelang es der Deutschen Reichsbahn, dringend benötigte Verbindungen wieder aufzubauen – ein wegen Materialmangels mühevoller Prozess, der viel Zeit in Anspruch nahm. Die Letzte der 1945 für Reparationszwecke demontierten Nebenlinien, Malchow – Karow in Mecklenburg, wurde erst 1968 wieder eröffnet (in diesem Fall vorrangig aus militärstrategischen Gründen).

Berücksichtigt man die später reaktivierten Strecken, wurde das Nebenbahnnetz der DR durch die Demontagen um exakt 444,2 Kilometer reduziert. Der Anteil der Schmalspurstrecken machte 51,4 Kilometer aus (es handelte sich dabei um die Strecken Taubenheim – Dürrhennersdorf und Herrnhut – Bernstadt in Sachsen sowie Hildburghausen – Heldburg – Friedrichshall in Thüringen). Während von ihnen auch Fahrzeuge abtransportiert wurden, verblieben die Normalspur-Fahrzeuge der Nebenbahnen überwiegend in der sowjetischen Besatzungszone. Ihre Umspurung auf die in der Sowjetunion üblichen 1.524 Millimeter hätte einen zu großen Aufwand bedeutet.

Die Verteuerung des Ölpreises durch den „großen Bruder" Sowjetunion zwingt die DR Anfang der 8oer-Jahre zur Dampflok-Renaissance. Normal- und Schmalspurlok in Wolkenstein, Juli 1982

Sonderfall Privat- und Kleinbahnen

Schon wenige Wochen nach Kriegsende war die Sowjetische Militäradministration in Deutschland (SMAD) daran interessiert, die in der UdSSR üblichen zentralistischen Strukturen auch im Eisenbahnwesen ihrer deutschen Besatzungszone einzuführen. Das betraf nicht nur die Reichsbahn, sondern ebenso die Privat- und Kleinbahnen. Mittelfristig sollten deshalb fast alle „nichtreichsbahneigenen Eisenbahnen des öffentlichen Verkehrs" der DR angeschlossen werden. Zunächst wurden sämtliche Eisenbahnbetriebe, die sich nicht im Besitz von Landkreisen oder kommunalen Gebietskörperschaften befanden, auf Grundlage des Befehls Nr. 124 der SMAD vom 30. Oktober 1945 „entschädigungslos zugunsten des Volkes" enteignet. Von 1945 bis 1947 wurden damit faktisch nahezu alle Privat- und Kleinbahnen verstaatlicht. Von wenigen Ausnahmen abgesehen, übernahmen bis 1947 „landeseigene Betriebsführungsge-

ELNA-Dampflok 91 6492 rangiert 1967 in Schildau. Die Nebenbahnen waren lange Zeit für Gütertransporte unentbehrlich   D. Höllerhage (o.), Slg. H. Brinker

Hintergrund

1970 wird die ehemalige Mecklenburg-Pommersche Schmalspurbahn (MPSB) abgebaut   Slg. WDM

Kahlschlag durch Reparationen

sellschaften" die Privat- und Kleinbahnen. Damit sollten die Entscheidungsbefugnisse über die enteigneten Bahnen schrittweise auf höheren Ebenen angesiedelt werden. Diese Landesbahnbehörden hatten Vorläufer aus der Vorkriegszeit, so in den heutigen Bundesländern Mecklenburg-Vorpommern die Pommerschen Landesbahnen, in Brandenburg das Landesverkehrsamt und in Sachsen-Anhalt die Kleinbahnabteilung des Provinzialverbandes der preußischen Provinz Sachsen. Noch Mitte 1948 erhielten alle Landesbahnbetriebe den Status „Vereinigte Volkseigene Betriebe" (VVB). Aber auch bei den Privat- und Kleinbahnen waren nicht mehr alle Strecken vom Mai 1945 vorhanden. Vor allem zahlreiche Schmalspurbahnen fielen unter die Reparationsleistungen an die UdSSR und mit ihnen auch deren Fahrzeuge. In einigen Fällen gelang es, dringend benötigte Strecken wieder aufzubauen, auch mit von der Besatzungsmacht freigegebenen Oberbaustoffen ehemaliger Werk- und Anschlussbahnen. Dazu zählten fast das gesamte Netz der normalspurigen Prenzlauer Kreisbahnen in Brandenburg, eine Strecke der Mecklenburg-Pommerschen Schmalspurbahn (auf 600-Millimeter-Spur) sowie ein Teil der meterspurigen Selketalbahn im Ostharz.

Trotzdem mussten die Privat- und Kleinbahnbetriebe einen noch größeren Kahlschlag hinnehmen als die Deutsche Reichsbahn bei ihrem Nebenstreckennetz: Unter Berücksichtigung der erwähnten Wiederaufbauten wurden auf Befehl der SMAD in der SBZ insgesamt 701 Kilometer Privat- und Kleinbahnstrecken demontiert. Den größten Verlust erlitt Mecklenburg-Vorpommern mit 531 Kilometern, gefolgt von Sachsen-Anhalt mit 70 Kilometern, Brandenburg mit 65 Kilometern und Thüringen mit 35 Kilometern. Mithin war die Länge der dem öffentlichen Verkehr dienenden Neben- und Kleinbahnstrecken in der SBZ durch Demontagen um 1.154 Kilometer reduziert worden.

Die verbliebenen Privat- und Kleinbahnen mit den Spurweiten 1.435, 1.000, 750 und 600 Millimeter wurden zum 1. April 1949 von der Deutschen Reichsbahn übernommen; dies geschah auf Anordnung der als verlängerter Arm der sowjetischen Besatzungsmacht agierenden Deutschen Wirtschaftskommission (DWK). Damit wuchs das Streckennetz der DR praktisch über Nacht um 3.256 Kilometer. Die bis dahin als Kleinbahnen nach dem preußischen

Planmäßig schoben die Lokomotiven ihre Züge in Eibenstock vom unteren zum oberen Bahnhof. Im September 1975 hat die 94 2105 Dienst auf der 50-Promille-Steigung. Heute wird dies alles von einem Stausee bedeckt   R. Heym

Nachkriegsjahre bis Vorwendezeit

Trotz des aufwändigen Transports übernahmen die Schmalspurbahnen hohe Frachtleistungen. Rollbockbetrieb in Wernigerode 1968

Gesetz vom 28. Juli 1892 konzessionierten Strecken erhielten gleichzeitig den Status einer Nebenbahn. Damit entfielen die durch das Kleinbahngesetz einst gewollt beschränkten Verkehrsbefugnisse (kleine Bahnen – kleine Verkehrsaufgaben), zu denen beispielsweise das Verbot des Durchgangsgüterverkehrs gehört hatte. Allmählich gelang es, alle ehemaligen Klein- und Privatbahnen in die Organisationsstruktur der DR einzubinden. Allerdings mussten nicht wenige Ausnahmeregelungen für Bahnanlagen und Fahrzeugtechnik bestehen bleiben, vor allem bei den Strecken mit 600 und 750 Millimetern Spurweite.

Nach einer amtlichen Statistik betrieb die Deutsche Reichsbahn 1950 ein 15.946 Kilometer langes Streckennetz. Davon gehörten 8.667 Kilometer zu den Nebenbahnen; das waren gut 54 Prozent der gesamten Streckeninfrastruktur für den öffentlichen Verkehr in der ein Jahr zuvor gegründeten DDR.

Nebenbahnen als Materialspender

Im Verlaufe des Jahres 1951 wurden weitere neun aus Sicht der Deutschen Reichsbahn nicht besonders bedeutende Nebenbahnen teilweise oder gänzlich stillgelegt. Sie sollten Oberbaustoffe liefern, die anderswo, vor allem beim Bau des Berliner Außenrings, benötigt wurden und für die neues Material nur in begrenztem Umfang beschafft werden konnte. Diese „Materialspendeaktion" betraf die Reichsbahndirektionsbezirke Dresden, Halle (Saale) und Magdeburg; ihr fielen Strecken bzw. Abschnitte mit insgesamt 88,8 Kilometern Länge zum Opfer. Da es sich bei den frei gewordenen, auch von sächsischen Schmalspurbahnen stammenden Schienen um ältere Bauformen handelte, waren sie zur Ausrüstung neuer Hauptstrecken kaum geeignet. Sicherlich verwendete man sie für den Betrieb von Baufeldbahnen und allenfalls für das Anlegen von Nebengleisen.

Die betagte 89 6223 fand noch 1963 bei der Oderbruchbahn Verwendung   K. Kieper (2)

Vereinfachter Nebenbahndienst

Bereits 1925 erprobte die Deutsche Reichsbahn-Gesellschaft auf ausgewählten Nebenstrecken ein vereinfachtes Betriebsverfahren. Die dabei gesammelten Erfahrungen mündeten in die im Mai 1944 in Kraft getretene „Betriebsvorschrift für den vereinfachten Nebenbahndienst" (BNd) (Nr. 436) ein.

Um Personal zu sparen, teilte man eine Nebenbahnstrecke in einen oder mehrere Abschnitt(e) ein, die so genannten Zugleitstrecken, für den/die ein Zugleitbahnhof eingerichtet wurde. Hier regelte ein Fahrdienstleiter (Zugleiter) den Betriebsablauf. Die mit Fernsprechern ausgerüsteten Bahnhöfe, Haltestellen und Haltepunkte bezeichnete man als Zuglaufstellen, auf denen der Zugführer eine Zuglaufmeldung an den Zugleiter abzusetzen hatte. Mit Hilfe dieses Verfahrens waren auf unbesetzten Bahnhöfen auch Zugkreuzungen möglich.

Die Einführung des Vereinfachten Nebenbahndienstes (VND) auf weniger frequentierten Nebenstrecken reduzierte die Zahl der örtlich eingesetzten Eisenbahner und minderte die Kosten für die Betriebsführung zum Teil erheblich. Auf unbesetzten Bahnhöfen genügten anstelle der Formhauptsignale entsprechende Signaltafeln (z.B. Trapeztafeln) den Anforderungen. Die Deutsche Reichsbahn in der DDR führte 1954 eine überarbeitete Dienstvorschrift (Nr. 437) für den VND ein, die bis 1989 nur wenig geändert wurde. Ein großer Teil der Nebenstrecken, vor allem in ländlichen Einzugsgebieten, wurde nach diesen Vorschriften betrieben.

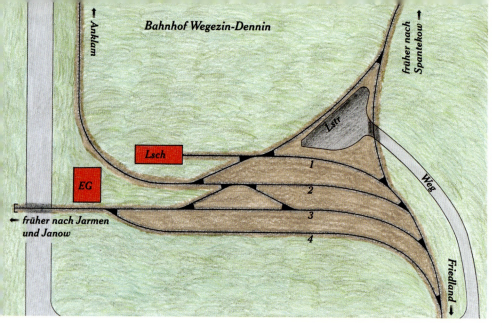

Der Bahnhof Wegezin-Dennin war ab 1945 die wichtigste Unterwegsstation der ehemaligen Mecklenburg-Pommerschen Schmalspurbahn, kurz MPSB. Er wurde 1969 stillgelegt
WDM/B. Siedel

Unterbrochenes Streckennetz

Weitere Netzreduzierungen entstanden durch die nach dem Zweiten Weltkrieg eingerichteten Grenzen innerhalb Deutschlands, zu Polen und zur Tschechoslowakei, die bislang durchlaufende Strecken unterbrachen. Häufig wurden die Strecken von den zuständigen Bahnverwaltungen dies- und jenseits der Grenzen zunächst weiter betrieben. Nur in wenigen Fällen gab man ganze Streckenabschnitte auf. Ein Beispiel dafür waren die von Vacha in der Rhön ausgehenden Strecken nach Hessen, die zum Teil mehrmals die Territorien der deutschen Teilstaaten wechselten. Hier entstand übrigens bis 1952 als „erster sozialistischer Bahnbau auf deutschem Boden" die Nebenstrecke von Vacha nach Unterbreizbach mit einer Länge von sechs Kilometern, um einen für die DDR-Wirtschaft bedeutenden Kali-Standort anzubinden.

Wechsel von Haupt- und Nebenbahnen

Die innerdeutsche Grenze brachte auch in der DDR veränderte Verkehrsströme. Bis 1945 für den Fernverkehr wichtige Hauptstrecken hatten plötzlich nur noch regionale Bedeutung als Stichstrecken. Die DR wandelte sie wegen des

Immer wieder wurden Eisenbahner von den Nebenstrecken abgezogen, weil der DR Personal fehlte. Trotzdem geht es im sächsischen Berbersdorf im Februar 1983 gemütlich zu
R. Heym

Der Bahnhof Putlitz war bis 1949 Eigentum der Prignitzbahnen. Der Plan zeigt eine Situation aus den 80er-Jahren, als die Anlagen schon teilweise abgebaut waren
WDM/B. Siedel

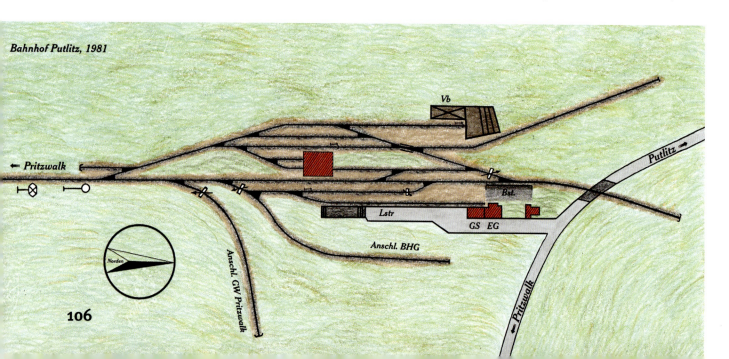

Nachkriegsjahre bis Vorwendezeit

geringer gewordenen Verkehrsaufkommens in Nebenbahnen um. Zudem erhielten weiterhin durchgehend betriebene Strecken in das Nachbarland Polen den Nebenbahnstatus, sofern der geringere Zugverkehr dies rechtfertigte. Ein Beispiel dafür war die Strecke Angermünde – Tantow – Rosow – Staatsgrenze (– Stettin [Szczecin]), die von 1949 bis 1973 als Nebenstrecke betrieben wurde.

Umgekehrt wurden Nebenbahnen zu Hauptstrecken ausgebaut. Dies geschah bei der Strecke Plaaz – Rostock nach dem Wiederaufbau Anfang der 60er-Jahre oder bei der zeitweilig zur Abfuhr von Uranerzen genutzten Strecke Schwarzenberg – Johanngeorgenstadt im Erzgebirge. Andere Durchgangsnebenbahnen entlasteten in jener Zeit die seit 1945 vielfach eingleisigen Hauptstrecken. Unter ihnen befand sich die Nebenbahn Neustadt (Dosse) – Pritzwalk – Meyenburg – Karow (Meckl) – Priemerburg – Rostock, über die zeitweilig sogar der innerdeutsche Schnellzug Rostock – Potsdam – Leipzig – Gutenfürst – München geleitet wurde. Die Mehrzahl der DR-Nebenstrecken diente aber lokalen Verkehrsbedürfnissen.

Bis in die Vorwendezeit herrschte auf vielen Nebenbahnen Hochkonjunktur: Lange Züge fuhren für Touristen auf der Weißeritztalbahn (o.), lange Züge transportierten Güter, wie das Beispiel von der Durchfahrt im Bahnhof Ganzlin zeigt (u.) R. Heym (o.), Detlef Winkler

Zunächst unentbehrlich

Für rund eineinhalb Jahrzehnte erwiesen sich die Nebenbahnen als unentbehrlich. Im Jahre 1960 wurden vom damals 16.138 Kilometer langen DR-Streckennetz 8.790 Kilometer als Nebenbahnen betrieben. Bis dahin gehörten Streckenstilllegungen infolge geringen Verkehrsaufkommens zu den großen Ausnahmen. Darunter befanden sich die Strecken bzw. Abschnitte Jarmen Nord – Schmarsow (Spurweite 600 Millimeter), Lieberose Stadt – Lieberose Anschlussbahnhof (1.000 mm) sowie die Normalspurverbindung Weißensand – Mühlwand im Vogtland. Auf anderen Nebenbahnen wurde zunächst nur der Reiseverkehr eingestellt und durch Autobusse ersetzt. Gelegentlich war dies auch notwendig, um zusätzliche Trassen für den enorm angestiegenen Güterzugverkehr zu gewinnen, wie auf den Stichbahnen Lutherstadt Wittenberg – Straach, Roskow – Brandenburg Krakauer Tor (beide 1958) oder Neuburxdorf – Mühlberg (Elbe) und Annaburg – Prettin (beide 1961).

Rückzug in Etappen

Die Verkehrsleistungen auf den Hauptstrecken waren bis zum Beginn der 60er-Jahre beträchtlich gestiegen. Doch die für die DR verfügbaren Investitionsmittel reichten nicht einmal aus, um diese volkswirtschaftlich wichtigen Linien gründlich zu sanieren, geschweige denn das zweite Gleis wieder durchgängig aufzubauen. Erst recht fehlte es an Möglichkeiten, um das Nebenstreckennetz zu modernisieren. Zwar gelang es allmählich, die Dampf- durch die Dieseltraktion zu ersetzen, aber der Oberbau befand sich auf nicht wenigen Strecken in miserablem Zustand. Die nötige Reduzierung der Höchstgeschwindigkeiten verlän-

Hintergrund

Reichsbahn-Lok, Reichsbahn-Wagen: Nahverkehrszug mit einer V 100 in Hettstedt, 1975   B. Wollny

Entwicklung des Streckennetzes der DR 1950 bis 1988

Jahr	Streckenlänge gesamt (in km)	Hauptbahnen	Nebenbahnen
1950	15.946	7.279	8.667
1960	16.138	7.348	8.790
1965	15.930	7.436	8.494
1970	14.658	7.365	7.293
1975	14.300	7.578	6.722
1981	14.233	7.639	6.594
1988	14.024	7.534	6.490

gerte die Fahrzeiten. Die von den volkseigenen Kraftverkehrsbetrieben eingerichteten Omnibuslinien und die auch in der DDR verstärkt einsetzende individuelle Motorisierung führten zu einer immer geringeren Auslastung der Personenzüge.

Mehr und mehr liebäugelte die Reichsbahn mit einer systematischen Stilllegung der nur gering ausgelasteten Nebenstrecken. Die ständig wachsenden Anforderungen an die DR führten am 14. Mai 1964 zum Beschluss des DDR-Ministerrats, den Güterumschlag auf Wagenladungsknotenbahnhöfe zu konzentrieren und zahlreiche Nebenstrecken, darunter fast alle Schmalspurbahnen, mittelfristig aufzulassen. Diese Festlegung kam der DR auch deshalb entgegen, da man hoffte, den überall bestehenden und ständig zunehmenden Arbeitskräftemangel durch dann frei werdende Eisenbahner kompensieren zu können. Bereits zwischen 1960 und 1965 war es der Reichsbahn gelungen, 296 Kilometer Nebenbahnstrecken stillzulegen. Darunter befanden sich nicht wenige Schmalspurbahnen.

Sozialistische Arbeitsteilung

Im Zusammenhang mit dem Ministerratsbeschluss erhielt das Institut für Verkehrsforschung (IfE) in Ostberlin am 17. September 1965 den Auftrag, eine „Weiterentwicklung des Verkehrsnetzes und der Knoten bei zweckmäßiger Abgrenzung der Transportaufgaben zwischen den Verkehrsträgern" zu untersuchen; gemeint war eine Aufteilung der Aufgaben zwischen der Eisenbahn und dem öffentlichen Kraftverkehr. Im August 1966 legten die Verkehrswissenschaftler ihr Gutachten vor, in das sie 25 Normal- und 31 Schmalspurstrecken bzw. -netze mit einer Länge von 1.425 Kilometern einbezogen hatten. In 49 Fällen kam man zu der Erkenntnis, dass es aus volkswirtschaftlichen Gründen günstig sei, den Eisenbahnbetrieb im Rahmen der „sozialistischen Arbeitsteilung zwischen Schiene und Straße" einzustellen und die Transportaufgaben dem Kraftverkehr zu übergeben. Ein Folgegutachten vom 20. März 1968 ging sogar noch weiter und empfahl langfristig die Stilllegung von 940 Kilometern Schmalspur- und 2.560 Kilometern Normalspurstrecken.

Dass ein solches Stilllegungsprogramm nicht mit dem Wirtschaftspotenzial der DDR vereinbar war, weil es an Kapazitäten für den Ausbau der Straßen und den Bau von Lastkraftwagen und Omnibussen mangelte, dürfte selbst den Mitarbeitern des IfE bewusst gewesen sein. Aber in jener Zeit wollte die DDR unter Führung der SED mit dem Westen mindestens gleichziehen. „Überholen ohne einzuholen" hieß die plakative und

Abschied von der Schiene: „Verkehrsträgerwechsel" hieß die Umstellung von Bahn auf Bus, hier 1969 in der Prignitz   Slg. K. Richwald

wenig aussagekräftige Parole. Und in diesem Zusammenhang waren die Staats- und SED-Führung für derartige Vorschläge höchst empfänglich.

Immer weniger Nebenstrecken

Ungeachtet der utopischen Stilllegungsempfehlungen von 1968 hatte das „große Nebenbahnsterben" bei der DR schon 1965 begonnen; es währte etwa ein Jahrzehnt. Bereits 1967 hatte die Deutsche Reichsbahn in puncto Streckenstilllegungen mit 1.462 Kilometern (seit 1960) die Deutsche Bundesbahn mit 992 Kilometern (seit 1950!) im wahrsten Sinne des Wortes „überholt". Allerdings waren in der Bundesrepublik zusätzlich zahlreiche Privatbahnen aufgegeben worden, so dass dieser Vergleich nur sehr bedingt zutrifft.

Immerhin wurden von der Deutschen Reichsbahn von 1965 bis 1970 insgesamt 1.201 Kilometer Nebenstrecken stillgelegt, denen bis 1975 weitere 571 Kilometer und bis 1981 abermals 128 Kilometer folgten. Allein an Hand dieser Zahlen lässt sich erkennen, dass die Stilllegungen immer weiter abnahmen; zunehmend fehlten Möglichkeiten, um insbesondere Gütertransporte auf die Straße zu verlagern. Vornehmlich deshalb hatte das Ministerium für Verkehrswesen der DDR 1973 und 1974 beschlossen, acht Schmalspurbahnen bzw. -netze langfristig zu erhalten. Offiziell rechtfertigte man diese Entscheidung mit der „kulturhistorischen Verpflichtung", Technikgeschichte zu bewahren,

Die Lehniner Kleinbahn fuhr auf Normalspur und wurde 1949 von der DR übernommen. Der Plan zeigt den Endbahnhof, bei dem Lokstation und Werkstatt bis 1965 in Betrieb waren. Im selben Jahr endete auch der Personenverkehr. 1967 stellte man den Güterverkehr ein, danach wurden die Gleisanlagen abgebaut. Das Empfangsgebäude existiert noch heute WDM/B. Siedel

Nachkriegsjahre bis Vorwendezeit

Bis zu ihrem Einsatzende fuhren die Rekodampfloks der Reihe 52^{80} auch auf Nebenbahnen. Im Mai 1982 wird 52 8176 im Bahnbetriebswerk Rochlitz gedreht D. Höllerhage

und mit der Notwendigkeit, Ferien- und Touristenzentren zu bereichern, wobei der ausschließliche Einsatz von Dampfloks in der Zugförderung betont wurde. Die aus Engpässen geborene Interimslösung wurde in der Öffentlichkeit als Erfolg beim weiteren Aufbau des Sozialismus deklariert und selbst Eisenbahnfreunde aus der Bundesrepublik und anderen westeuropäischen Ländern glaubten dieser Propaganda.

Eine letzte Blütezeit

Zu Beginn der 80er-Jahre bekam auch die DDR die steigenden Erdölpreise zu spüren, da die UdSSR den Rohstoff nicht mehr zu Vorzugspreisen liefern konnte. Die DR reagierte mit einem groß angelegten Elektrifizierungsprogramm für das Hauptstreckennetz und sogar für einige Nebenbahnen (Strom ließ sich aus heimischer Rohbraunkohle erzeugen). Zusätzlich unterband sie auf Anordnung des Ministers für Verkehrswesen bis auf geringe Ausnahmen weitere Streckenstilllegungen. Zur Begründung hieß es, der Transport auf der Schiene sei billiger und umweltfreundlicher. Diese verkehrspolitische Vorgabe galt praktisch bis zum Fall der Mauer. Vorgesehene Stilllegungspläne, beispielsweise für die Strecken Salzwedel – Diesdorf (Altmark), Pritzwalk – Putlitz (Prignitz), Oschatz – Kemmlitz (750-Millimeter-Spur) und Ziesar – Görzke, wurden zur Makulatur. Von 1980 bis 1988 durfte die Deutsche Reichsbahn lediglich auf 104 Kilometern Strecke den Betrieb einstellen. Dazu zählten die Linien Wriezen – Neu Rüdnitz im Oderbruch, Stendal – Klein Rossau in der Altmark und die Schmalspurbahn Wolkenstein – Jöhstadt in Sachsen.

Im Jahre 1988 hatte das Streckennetz der Deutschen Reichsbahn eine Länge von 14.024 Kilometern; davon wurden 6.490 Kilometer, rund 46 Prozent, als Nebenbahnen betrieben.

WOLF-DIETGER MACHEL

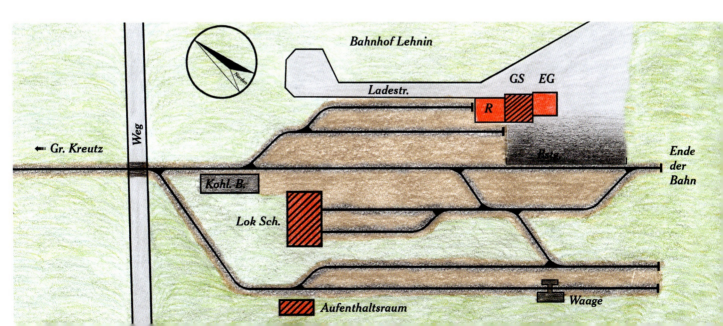

Geschichte

Nebenbahnen in und um Berlin

Kaum der Rede wert

In der Hauptstadt der DDR und ihrem Umland spielten Nebenbahnen nur eine geringe Rolle. Dennoch gab es einige erwähnenswerte Strecken

Doppelstockzüge fahren im Mai 1992 auf der Heidekrautbahn. Das Bild mit 202 520 und N 15159 entstand in Basdorf U. Fischer

Berliner Nebenbahnen

Auch die Baureihe 52 kam im Raum Berlin zum Einsatz, hier 52 8081 bei Ahrensfelde   K. Kieper

Bahnhof Buckow (Märkische Schweiz) im März 1970 mit ET 188 502 und 501   K. Kieper

In der Eisenbahn-Metropole Berlin mit dem dichten Zugverkehr waren Nebenbahnen per se fehl am Platze. So hielt sich deren Zahl auch zu DR-Zeiten in äußerst bescheidenem Rahmen. Im Einzelnen gab es:

- die 1950 eröffnete Teilstrecke des so genannten Nördlichen Berliner Güter-Außenrings Berlin-Karow – Abzweig Schönwalde (bei Basdorf), die 1967 in eine Nebenbahn umgewandelt wurde
- die 5,6 Kilometer lange Strecke Berlin-Grünau – Zentralflughafen Schönefeld Süd, über die der Flughafen bis heute mit Benzin versorgt wird. Sie wurde Bahnhofsgleis des Bahnhofs Berlin-Grünau.
- die nur vom Güterverkehr bediente Kleinbahn Berlin-Lichtenberg – Berlin-Blankenburg, die ab 1950 als

Nebenbahnbetrieb südlich von Berlin: Bahnhof Kremmen im Juni 1991   H. Brinker

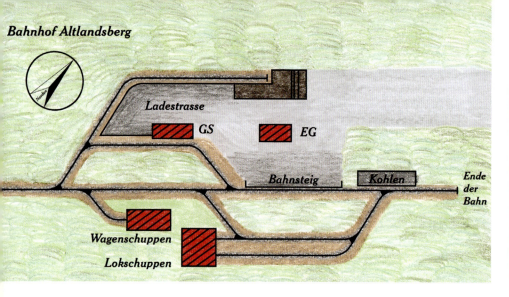

Der Bahnhof Altlandsberg befand sich zwischen Berlin und Strausberg. Von hier aus fuhren die Züge zunächst nach Hoppegarten. Der Bahnhof wurde 1966 stillgelegt WDM/B. Siedel

Nebenbahn betrieben wurde. Sie wurde von 1967 bis 1998 abschnittsweise stillgelegt. Die Infrastruktur gehörte der Niederbarnimer Eisenbahn; eine Enteignung wie in der DDR war in Berlin wegen des Viermächtestatus nicht möglich. Die DR erledigte aber den Bahnbetrieb.

- Berlin-Lichtenberg – Berlin-Marzahn – Ahrensfelde war 1976 noch Nebenbahn, wurde aber mit dem Bau der parallel verlaufenden S-Bahn bis Ahrensfelde zur Hauptbahn ausgebaut.
- Berlin-Blankenfelde – Abzweigstelle Asw an der Hauptbahn Berlin-Karow – Basdorf war als Teil der Niederbarnimer Eisenbahn Nebenbahn. 1983 stellte die DR den Reiseverkehr ein.

Nebenstrecken ins Umland

Zieht man den Kreis über die Stadtgrenze hinaus in die Umgebung Berlins, so gab es weitere Nebenbahnen. Östlich die Strecke Fredersdorf (b Berlin) – Rüdersdorf (b Berlin); sie wird seit 1965 nur noch von Güterzügen, meist mit Zementwagen, befahren. Die ehemalige Kleinbahn- und spätere Nebenstrecke Müncheberg – Buckow war sogar elektrifiziert. Südlich Berlins gab es die Abschnitte Mittenwalde (Mark) Ost – Zossen und – Königs Wusterhausen; sie waren der Rest der bis 1949 bestehenden Kleinbahn Königs Wusterhausen-Mittenwalde-Töpchiner Eisenbahn sowie der nach dem Zweiten Weltkrieg gebauten Ergänzung Richtung Zossen.

Ebenfalls südlich lagen die Strecke Teltow – Teltow West und die ehemalige Militärbahn Zossen – Jüterbog. Westlich bestanden die Nebenbahnen Oranienburg – Velten – Nauen, Oranienburg – Kremmen – Nauen – Ketzin und Velten (Mark) – Neuruppin. Nördlich Berlins fanden sich weitere Nebenbahnen der Niederbarnimer Eisenbahn, und zwar Basdorf – Groß Schönebeck (Heidekrautbahn) und Wensickendorf – Schmachtenhagen – Sachsenhausen. Alle genannten Strecken waren nicht von der Grenzziehung um West-Berlin betroffen.

Auf den genannten Nebenbahnen hielten sich im Reisezugverkehr die Personenwagen der Länderbahnen sowie der Privat- und Kleinbahnen, am längsten auf der Strecke Berlin-Lichtenberg – Tiefensee – Wriezen. Abgelöst wurden sie von den zwei- und dreiachsigen Reko-Wagen. Auf der Heidekrautbahn ging es „moderner" zu, da dort die Leichtverbrennungstriebwagen der Baureihe 171 und – wegen der Fahrräder und des Gepäcks der Kleingärtner – ab 1976 Doppelstockzüge verkehrten. Abgesehen von der unterbliebenen Enteignung hatte Berlin mit seinen Nebenbahnen keine Sonderstellung inne; Fahrzeuge wie Betrieb gab es so auch auf anderen Nebenstrecken der Reichsbahn.   ERICH PREUSS

Die Infrastruktur der Heidekrautbahn gehörte auch zu DDR-Zeiten der privaten Niederbarnimer Eisenbahn. Den Zugverkehr übernahm dagegen die Reichsbahn. Nach der Wende behielt man diese Mischversion bei; im Oktober 1993 fährt der Zug aus 772 119 und 972 719 im Bahnhof Zehlendorf (Kr Oranienburg) ein   B. O. Sydow

Berliner Nebenbahnen

Nebenbahnen mit Hauptbahn-Charakter

Strecken mit Sonderrolle

Der kürzeste Weg von Güstrow in Richtung Magdeburg führt durch Plau. Im August 1980 nutzt die 50 3698 mit ihrem Güterzug diese Möglichkeit Detlef Winkler

Auf einigen Nebenbahnen war von der berühmten Bimmelbahn-Romantik nichts zu spüren. Sie kamen Hauptbahnen gleich. Besonders viele dieser Art fanden sich in der Reichsbahndirektion Schwerin

Die Reichsbahndirektion (Rbd) Schwerin trafen die Reparationsforderungen der sowjetischen Besatzungsmacht besonders hart. Die Abbau-Kommandos demontierten auf Befehl der Sowjets nicht nur, wie fast überall in ihrer Besatzungszone, das zweite Streckengleis, sondern auch zahlreiche Nebenbahnen. Der Zugverkehr ließ sich ab 1945 nur noch unter großen Schwierigkeiten aufrecht erhalten.

Ringverkehr mit Nebenbahnen

Als der Güterverkehr Ende der 40er-Jahre vor allem in Nord-Süd-Richtung zunahm, waren die eingleisigen Hauptbahnen im Bereich der Rbd Schwerin hoffnungslos überlastet. Die Direktion musste die Durchlassfähigkeit ihrer Strecken spürbar erhöhen, um dem Verkehrsstrom gerecht zu werden, der infolge des Ausbaus der Ostseehäfen in Rostock und Wismar entstanden war. Da an einen schnellen und großzügigen Ausbau der Bahnanlagen nicht zu denken war, konnte die Situation nur mit technologischen Mitteln entspannt werden. So wurde ein Großteil des Güterverkehrs in Nord-Süd-Richtung auf die Nebenbahnen Güstrow – Karow – Pritzwalk, Ludwigslust – Karow und Wittenberge – Perleberg – Pritzwalk – Wittstock (Dosse) – Neustrelitz umgeleitet. Doch dazu musste das 1945 demontierte Teilstück Meyenburg – Pritzwalk wieder aufgebaut werden; es ging im Mai 1949 in Betrieb. Außerdem führte die Reichsbahndirektion eine Art Ringverkehr ein. Während die vollen Güterzüge in Richtung Küste über die Hauptstrecke Wittenberge – Schwerin fuhren, rollten die Leerzüge meist über die parallel verlaufenden Nebenbahnen ab.

Neue Ausrüstung für die Strecken

Diese waren für den plötzlichen Verkehrsanstieg nur teilweise ausgelegt. Die zulässige Achsfahrmasse war auf den meisten Strecken auf 16 Tonnen beschränkt. Durch den Einbau zusätzlicher Schwellen konnte sie zwar auf 18 Tonnen angehoben werden, doch der Einsatz schwerer, zugstarker Maschinen wie der Baureihe 44 war nicht möglich. So wurden hier zunächst Maschinen der Baureihe 57^{10} eingesetzt, die 1953 größtenteils durch 50er ersetzt wurden. Auch sicherungstechnisch waren die Strecken und Bahnhöfe nur bedingt den neuen Anforderungen gewachsen. Während die Verbindung Wittenberge – Wittstock (Dosse) bereits mit Vor- und Hauptsignalen, Streckenblock sowie modernen Stellwerken ausgerüstet war, dominierte auf der Strecke Güstrow – Pritzwalk noch Technik aus der Länderbahnzeit. Die Rbd Schwerin handelte umgehend und ließ die Strecke mit neuen Einheitsreihenstellwerken nachrüsten, wodurch die Zugdichte erhöht werden konnte. Außerdem wurden die Kreuzungsgleise auf eine nutzbare Länge von 600 Metern verlängert. In Meyenburg und Pritzwalk entstanden noch neue Wassertürme zur schnelleren und besseren Wasserversorgung der Dampflokomotiven.

Dichter Güterverkehr

Bis Ende der 60er-Jahre herrschte auf den Nebenbahnen zwischen Güstrow, Wittenberge, Pritzwalk und Neustrelitz ein Güterverkehr, der jeder Hauptbahn zur

Geschichte

Um die Hauptbahn Magdeburg – Wittenberge zu entlasten, fuhren Güterzüge auch über die Nebenstrecke Geestgottberg – Salzwedel – Oebisfelde; hier 50 0053 im Februar 1979 bei Geestgottberg

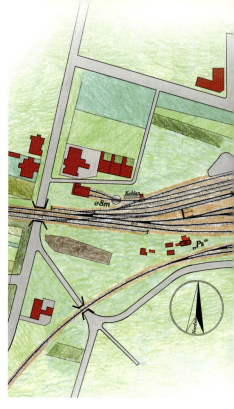

Ehre gereicht hätte. Neben zahllosen Leerwagenzügen für die Kalischächte in Vacha oder Roßleben rollten hier auch die Züge für die Zementwerke in Bernburg und Karsdorf entlang. Die Durchgangsgüterzüge aus Magdeburg sowie die für den Norden bestimmten Baustoffzüge aus Haldensleben und Eilenburg waren ebenso alltäglich. Daneben verkehrten zahlreiche Truppenzüge der sowjetischen Streitkräfte. Zudem leitete die DR zwischen 1955 und 1968 die Schnellzüge D 73/74 Leipzig – Warnemünde und D 79/80 Karl-Marx-Stadt – Rostock über Güstrow, Karow und Pritzwalk um. Die Züge hielten planmäßig in Pritzwalk und Plau (Meckl).

Mit der Eröffnung der wieder aufgebauten Hauptstrecke Neustrelitz – Waren (Müritz) – Lalendorf ging der Güterverkehr auf den parallel verlaufenden Nebenbahnen deutlich zurück. Dennoch wollte die Rbd Schwerin auf ihre inzwischen hauptbahnmäßig ausgebauten Nebenbahnen nicht verzichten. Die Leerzüge aus den Überseehäfen aus Rostock und Wismar nahmen nach wie vor den Weg über Karow und Meyenburg. Nach der Sanierung der Gleisanlagen Anfang der 70er-Jahre und der damit verbundenen Anhebung der zulässigen Achsfahrmasse auf 20 Tonnen konnten jetzt bei Betriebsstörungen auf den Magistralen Güterzüge ohne Lokwechsel problemlos umgeleitet werden. Darüber hinaus wurden die Nebenbahnen immer wieder für Sondergüterzüge und Militärtransporte genutzt. Der Reiseverkehr spielte hingegen in der relativ dünn besiedelten Region eine untergeordnete Rolle. So verkehrten im Sommer 1969 zwischen Wittenberge und Güstrow lediglich vier durchgehende Personenzüge, ein saisonaler Schnellzug kam hinzu. Daran änderte sich bis 1990 nichts.

Rasches Ende nach 1990

Mit dem Zusammenbruch der DDR-Wirtschaft im Jahr 1990 verloren die einst so wichtigen Nebenbahnen zwischen Wittenberge, Pritzwalk, Güstrow und Neustrelitz ihre Bedeutung. Da auch der Reiseverkehr stark zurückging, war es nur eine Frage der Zeit, bis die ersten Strecken aus dem Kursbuch verschwanden. Heute werden nur noch die Abschnitte Pritzwalk – Meyenburg und Wittenberge – Wittstock (Dosse) betrieben. KLAUS RICHWALD

So sah der Personennahverkehr in Pritzwalk im April 1968 aus: 91 1909 verlässt den Bahnhof mit Ziel Putlitz bzw. Suckow R. Heym (o.), K. Kieper

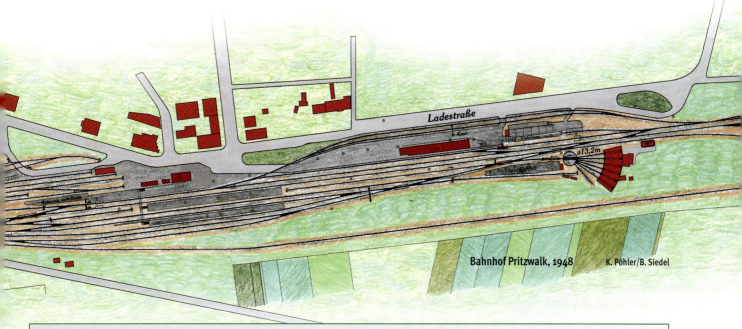

Bahnhof Pritzwalk, 1948 K. Pöhler/B. Siedel

Umleitungsverkehr über Nebenstrecken

Nebenbahnen werden für einfache Verkehrsverhältnisse angelegt und auch so betrieben. Doch für bestimmte Zeit können sie, was die Zahl der Züge angeht, den Charakter einer Hauptbahn annehmen. So nutzte die DR einige Nebenstrecken, um Züge zur Entlastung von Hauptbahnen umzuleiten.

Umleitung wegen Bauarbeiten

Ein solches Beispiel ergab sich 1981/82 während der Elektrifizierung der Strecke Berlin – Dresden. Die Personenzüge wurden durch Autobusse ersetzt, die Schnellzüge leitete man über die Nebenbahnen Königs Wusterhausen – Zossen oder Lübben – Luckau – Uckro um.
Ebenso war die Nebenbahn Wünschendorf (Elster) – Werdau 1963 eine Umleitungsstrecke der Schnellzüge Erfurt – Gera – Dresden, als der Bahnhof Gößnitz an der Strecke Leipzig – Hof elektrifiziert wurde. Abgesehen davon gab es über diese Nebenbahn reguläre Eilzugverbindungen Erfurt – Gera – Zwickau (Sachs).
Während der zentralen Oberbauerneuerung des Streckenabschnitts Bautzen – Löbau (Sachs) fuhren die Schnellzüge Dresden – Görlitz bzw. Frankfurt (Main) – Warschau über die Nebenbahn Großpostwitz – Löbau. Traktionstechnisch eine heikle Sache, denn die Fahrt mit Vorspann- und Schiebelokomotive verursachte großen Aufwand.

Umleitung von Güterzügen

Daneben wurden Güterzüge über Nebenbahnen umgeleitet, zum Beispiel bis 1993 zwischen Guben und Cottbus über die Nebenbahn Guben – Groß Gastrose – Abzweigstelle Abc oder Abg bei Forst (Lausitz).
Die ehemalige Brandenburgische Städtebahn Belzig – Brandenburg Altstadt – Rathenow und – Neustadt (Dosse) wurde zum Teil sogar regulär für die Umleitung von Güterzügen benutzt. Im Reichsbahnamtsbezirk Stendal entlastete man die Hauptbahn Magdeburg – Wittenberge, indem die Leerwagenzüge von Norden nach Süden über die Nebenbahnen Geestgottberg – Salzwedel – Oebisfelde und weiter auf der Hauptbahn nach Magdeburg fuhren – im Regelverkehr! Die Reichsbahn leitete außerdem die schweren Kesselwagenzüge von Stendell nach Hamburg über Nebenbahnen; übrigens befuhren sie dabei auch den als Nebenbahn geführten, 5,8 Kilometer langen Anschluss zwischen dem Werkbahnhof des Petrolchemischen Kombinats Schwedt (PCK Raffinerie) und dem Bahnhof Passow (Kr Angermünde). Durch Verbindungskurven bei Angermünde, in Prenzlau und durch die Kurve Schieferberg gelangten sie auf die Nebenbahnen Prenzlau – Templin – Fürstenberg (Havel) oder Britz (Kr Eberswalde) – Templin – Löwenberg (Mark).
Solange viele Hauptbahnen in der DDR nur eingleisig waren, mussten bei dem dichten Zugverkehr der Reichsbahn immer wieder Schnellzüge im Regelverkehr über Nebenbahnen fahren.

Entlastung für eingleisige Hauptbahnen

Auf den Hauptbahnen waren nicht genügend Fahrplantrassen frei. So nahmen Schnellzüge von Wittenberge nach Rostock den Weg über Perleberg – Güstrow, von Berlin ab Löwenberg (Mark) auf der Nebenbahn über Templin nach Prenzlau und weiter nach Stralsund. Als Nebeneffekt hatte Templin eine Schnellzugverbindung.
In der Sommersaison gehörten Schnellzüge auf der Verbindung Cottbus – Frankfurt (Oder) – Angermünde zum Regelverkehr, um nicht den Knoten Berlin befahren zu müssen. Diese Züge fuhren von der Abzweigstelle Wro (Werbig) bis Eberswalde auf der Nebenbahn.

Umleitung als Sparmaßnahme

Einen anderen Grund gab es für die Umleitung bei der Verbindung Görlitz – Zittau. Für die direkte Strecke hätte die DR den Abschnitt Reczyn – Trzciniec Zgorzelecki der Polnischen Staatsbahnen nutzen müssen. Um die Devisen für diesen Privilegierten Durchgangsverkehr (Korridorverkehr) zu sparen, fuhren sämtliche Güterzüge Schlauroth – Zittau sowie die Eil- und Schnellzüge Berlin – Zittau über Löbau (Sachs). Sie nutzten von Löbau bis Oberoderwitz die Nebenbahn mit Hauptbahncharakter, die dadurch ziemlich dicht belegt war. ERICH PREUSS

Vor allem Güterzüge wurden über Nebenbahnen umgeleitet. Im Februar 1979 schleppt 50 4077 ihre Fracht durch Parchim (Mecklenburg) Detlef Winkler

Impressionen v
DR-Nebenbahnbetr

Eile
Weile

Die Transportaufgaben war
zeuge, aber der Alltag auf d
meist beschaulich. Ein Str

OBEN LINKS **Keine Inszenierung,** sondern tägliche Arbeit: Gepäckverladung in Dippoldiswalde, Mai 1989   D. Höllerhage

LINKS **Im Dezember 1982** lief die Zeit für die Dampflok in Wolkenstein noch lange nicht ab. Maschinen wie die 50er blieben bis Ende der 80er-Jahre   D. Höllerhage

Nebenbahn-Impressionen

verschieden wie die Fahr-
benstrecken gestaltete sich
abseits der Metropolen

Gr. Bild **Unter Fahrdraht:** Im Mai 1966 hat der Zug mit ET 188 521 in Saalburg Pause. Bald geht es zurück nach Schleiz K. Kieper

Rechts **Nicht nur Dienst nach Vorschrift:** Ostergruß auf einer IV K der Preßnitztalbahn, Mai 1986 U. Miethe

Momentaufnahmen

GR. BILD Frühlingsausflug in Crottendorf: Im Mai 1982 muss die 86er die Straße nur mit wenigen teilen. Viel Tempo wird vom Personal auch nicht verlangt   D. Höllerhage

LINKS Auf der Strecke Salzwedel – Diesdorf rollt eine Ferkeltaxe im April 1991 in den Abend hinein   H. Brinker

Nebenbahn-Impressionen

OBEN RECHTS **Ersatzleistung** für einen Triebwagen: 106 649 und Beiwagen in Schönhausen (Elbe), März 1975   Slg. K. Richwald

RECHTS **Abschiedsgruß** auf dem Wismarer Schienenbus VT 133 525 in Lindenberg. Der 31. Mai 1969 ist der vorletzte Betriebstag bei der Prignitzer Kleinbahn
Weber/Slg. K. Richwald

Momentaufnahmen

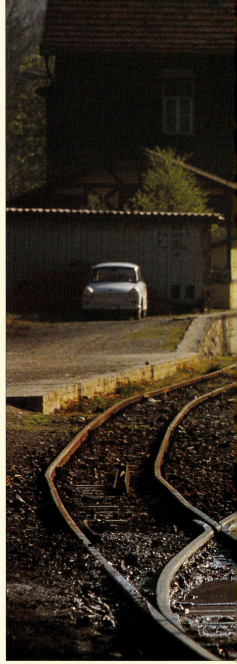

OBEN LINKS **Mit der 65¹⁰ durchs Thüringer Land:** Im April 1977 hat die Neubaulok den Zug 9039 Erfurt – Ilmenau – Themar an den Haken genommen. Hier rauscht sie über den Viadukt bei Angelroda D. Beckmann

LINKS **ZOJE – Zug ohne jede Eile.** Im März 1985 macht die Zittau-Oybin-Jonsdorfer Eisenbahn, kurz ZOJE, diesem Spitznamen alle Ehre (Bild in Zittau) D. Höllerhage

Nebenbahn-Impressionen

Gr. Foto **Zierlich, aber funktionstüchtig** präsentiert sich der Wasserkran in Alexisbad im Mai 1989. Die Maschine in der Harzbahnstation hat ihre Vorräte schon ergänzt
D. Höllerhage

RECHTS **Was macht der Mann?** Er kuppelt die Zuglokomotive des „Molli" an. Szene bei der Schmalspurbahn in Bad Doberan, aufgenommen im August 1986
U. Miethe

Momentaufnahmen

Gr. Foto Übersee-Reise: Eine Gleisverbindung vom Festland zur Insel Usedom fehlt im September 1978. Also bringt das Fährschiff „Stralsund" die beiden Reko-Wagen hinüber. Blick von der Insel nach Wolgast
W.-D. Machel

links Straßen-Bahn: Gleich neben dem Asphaltband rollte der Zug durch Trusetal Süd (im Bild um 1962). Dabei erfüllte er wichtige Zubringerfunktionen   Slg. R. Heym

OBEN RECHTS **Zeit fürs Frühstück.** Fotografiert in Dürrröhrsdorf, Juli 1991 U. Fischer

RECHTS **Pfingstfest in Cranzahl:** Da darf die 99 1771 nicht ohne entsprechenden Schmuck auf der Rauchkammer auf die Strecke (Aufnahme vom Mai 1982) J. W. van Dorp

Ein Ausflug nach Nossen

„Än boor Foodos"

Ende der 70er-Jahre war Nossen ein Magnet für Eisenbahnfans. Es gab noch schönen Betrieb und bestens gepflegte Dampfloks. Eine gewisse Leidensfähigkeit vorausgesetzt

Beinahe hätte ich den Wecker an die Wand gefeuert! Aufstehen am Sonntagmorgen um vier – eine Tortur! Aber anders geht es nicht in diesem Winter 1978. Ich wohne in Dresden, draußen in Wachwitz an der Straßenbahnlinie 4 nach Pillnitz. Der erste fotografierbare Güterzug fährt in Nossen um 9.16 Uhr ab, auf der Nebenbahn Richtung Freiberg. Den kriegt man an der Strecke nur, wenn man sich so zeitig aus dem Bett quält. Dabei weiß ich noch nicht mal, ob sich die Mühe lohnt: Kann sein, dass es Prachtwetter gibt, kann sein, dass man um neun in Nossen im Regen steht. Stunden vertan für nichts…

Jedenfalls rumpelt gegen halb fünf die Straßenbahn heran, heute ein LOWA-Zug, manchmal sind es auch Gotha-Wagen. LOWA ist besser, weil die Sitzheizung regelrecht kocht. Überhaupt ist diese Tour ein einziger Kampf gegen das Frieren …

Bis zum Bahnhof Dresden-Neustadt brauche ich mit Umsteigen in die Linie 6 eine Dreiviertelstunde. Dort heißt es sich aufwärmen, die MITROPA hat die ganze Nacht geöffnet. Der Kaffee ist dünn (aber heiß!), die Brötchen sind adelig, also mindestens „von gestern". Ein wenig Vorrat einpacken empfiehlt sich; die gemütliche Bahnhofskneipe in Nossen ist wochenends geschlossen.

„Warum die Energiebilanz des Landes wegen eines Verrückten weiter verschlechtern?"

Dann in den Zug. Der ist immer kalt. Ob nun der Heizkessel der 110er nicht gegen zehn bis zwölf Grad minus ankommt oder die Diesellok zu spät an den Train gesetzt wurde – egal. Ich muss auch zugeben, dass ich gerade sonntags oft der einzige Fahrgast im Zug bin. Warum die Energiebilanz des Landes wegen eines Verrückten noch weiter verschlechtern?

Gegen drei viertel sechs geht es los. Eineinhalb Stunden später bin ich in

Ausflug nach Nossen

LINKS **Anfang der 80er-Jahre ist Nossen noch eine Dampflok-Hochburg. Im Januar 1984 steht 50 3540 mit einem Personenzug bereit**
S. Wolf/Slg. R. Heym

„Nu hör ma här, mai Ärisch, nour!" – Pausengespräch unter Eisenbahnern   R. Heym

Nossen. Eine Kleinstadt in der DDR am Sonntagmorgen um sieben? Da ist „tote Hose" noch geprahlt. Alles schläft. Es ist bitterkalt und stockfinster. Da hilft nur die Hoffnung auf ein prächtiges Güterzugfoto. Und strammes Marschieren. Also ab an die Strecke, Motivsuche, so gut sich das im Dunkeln machen lässt. Am Kloster Altzella geht es direkt neben den alten Gemäuern bergan. Das könnte ganz gut aussehen. Aber es ist erst Viertel vor acht. Über eine Stunde hier stehen und warten? Nein, weiter. Die Strecke führt in weiten Bögen hinein in den Zellwald, erreicht kurz hinter der Autobahnunterführung den gleichnamigen Haltepunkt. Endlich wird es langsam hell! Die Sonne stärkt die Vorfreude auf ein gutes Foto und lässt zumindest die gefühlte Temperatur steigen.

Unter der Jacke wärme ich die „Pentacon Six". Die versagt gern bei Kälte. Fünf Stunden Anmarsch, und dann klemmt der Kameraverschluss? Nur nicht dran denken. Man muss mit den Schwächen leben lernen – das gilt später noch ein Credo der DDR. Es gibt Freunde, die haben ihre Six im Kühlschrank ausgetestet. Belichtungsserien in verschiedenen „Erfrierungsstufen", um genau herauszubekommen, was die Zweihundertfünfzigstel bei acht Grad unter Null noch wert ist. Die wären jetzt schlauer. Mir geistert unwillkürlich ein erzgebirgischer DKK-Scharfenstein-Kühlschrank im Kopf herum, gefüllt mit Butter, Käse, Radeberger, Tiefkühl-Erbsen und dem Spitzenprodukt der DDR-Fotoindustrie…

Zur Not muss der Trick mit der Tausendstelsekunde helfen, da läuft der Verschluss ungehemmt und demzufolge ohne Klemmer. Bei Schnee ist dafür auch genug Helligkeit da. Den Rest macht eine Spezialentwicklung.

„Die 50er stampft, kommt immer näher, wird immer lauter. Herrlich! Es hat sich doch gelohnt, hierher zu fahren!"

Kurz nach neun ertönt aus der Ferne ein lang gezogener Pfiff: Unten in Nossen macht sich der Güterzug auf den Weg. Die Sonne scheint flach in den Einschnitt – alles bestens! Die 50er stampft, kommt immer näher, wird immer lauter. Herrlich! Es hat sich doch gelohnt. Die Lok tobt vorüber, ihr Beben wirft riesige Schneebatzen von den Bäumen herunter. Ich bin völlig eingezuckert, auch die Kamera hat ihre Ladung abbekommen. Aber das Auslösen habe ich vorher gut gehört, die Aufnahme ist auf jeden Fall im Kasten. Langsam entschwinden die letzten Wagen im Wald. Komisch: Warum man auf einmal nicht mehr friert?

Rückmarsch, warten. Der nächste Dampfzug kommt gegen halb zwölf aus Richtung Döbeln das Muldental herauf, nicht ganz so attraktiv zu fotografieren, wenn man nicht wieder weit laufen will. Immerhin: Nossen – Zellwald – Nossen, das sind nun schon zehn Kilometer, die man in den Beinen hat.

„Alles geht unendlich ruhig und gelassen. Sonntags sowieso."

Die Chance, jetzt einen Kaffee zu bekommen, ist gleich Null. Alles zu. Die ersten Gaststätten öffnen frühestens um halb zwölf, oben in der Stadt, und eher zum sonntäglich behaglichen Mittagessen. Mufflige Kellner, die auf opulente Bestellungen aus sind, mit einem mickrigen Kaffee nerven, kaum dass geöffnet ist? Das muss man sich nicht antun. Also notgedrungen fasten und ins Bw. Die Sonne scheint ja auch so schön.

„Än boor Foodos woll'nse machen? Keen Problem." Die paar Männer im Bw freuen sich über Abwechslung. Etliche Loks stehen abgestellt, auch die 35 1113. Eine 50er heizt, dann kommt eine 110 heran. Auch sie gehört zum Bw Nossen. Alles geht unendlich ruhig und gelassen vonstatten. Sonntags sowieso.

In der Mittagszeit fährt dann ein Personenzug nach Riesa. Anfang der 80er-Jahre, als Auswirkung der Ölkrise, werden pfiffige Leute – und mit Sicherheit Dampflokfans – der 35 1113 einen verrückten Umlauf basteln, der sie mit eben diesem Personenzug und einer Plan-50er nach Riesa bringt, wo sie dann einen Wochenend-Eilzug nach Rosslau fährt. Das alles natürlich nur, um Diesel zu sparen. Und die Fotografen haben ein Ziel mehr: den Riesaer Bummelzug mit vier Wagen und zwei Dampfloks. Er fährt so nur freitags. Das kompliziert die Sache, erhöht aber den Reiz.

Nach meinem Personenzug-Foto stecken mir knapp 20 Kilometer Fußmarsch in den Knochen. Ohne etwas Vernünftiges im Magen. Es wird Zeit für wohlige Lethargie. Also ab nach Hause! Was jetzt nicht im Kasten ist, wird heute eh nichts mehr. Lieber die Beine ausstrecken im Reko-Wagen, an der Blockstelle „Götterfelsen" bei Meißen noch ein Stoßgebet, dass die Six nicht doch versagt hat, und dann ein Nickerchen bis Dresden-Neustadt. Das ist es, was ich jetzt brauche. Oder soll ich in Radebeul Ost noch mal kurz bei der Schmalspurbahn aussteigen?

RUDOLF HEYM

Glück gehabt! Die Pentacon Six löst aus, als die 50er herantobt. Am 8. November 1980 ist es sogar die 50 1002, wegen ihrer Windleitbleche die Starlok von Nossen   R. Heym

Gunsleben an der Strecke Magdeburg – Braunschweig geriet mit der Grenzziehung ins Abseits. Aus der Hauptbahn wurde ab Oschersleben eine Nebenstrecke und blieb dies auch nach 1989

Die Nebenbahnen an der innerdeutschen Grenze

Über Nacht verändert

Die Aufteilung in Zonen durchtrennte viele Strecken in Deutschland. Ost-West-Verbindungen wurden schlagartig unbedeutend – und bald Kontrollen unterworfen

Im Jahr 1945 wurden Demarkationslinien bzw. Zonengrenzen durch Deutschland geschaffen, aus denen 1949 die Staatsgrenze zwischen der DDR und der BRD entstand. Diese Grenzen veränderten markant die Eisenbahnlandschaft. Etliche Nebenbahnen verloren ihre Bedeutung, lagen doch ihre beiden Endpunkte nun in verschiedenen Zonen und damit meist außer Reichweite. Viele Strecken wurden stillgelegt und zum Teil später auch abgebaut.

Herabgestufte Strecken

Quasi über Nacht verloren mehrere Hauptbahnen mit der Grenzziehung ihren Durchgangsverkehr; sie wurden zu Nebenbahnen herabgestuft. Dies betraf die folgenden Streckenabschnitte:

- Hagenow Land – Zarrenthin (Meckl) der Strecke Hagenow Land – Ratzeburg – Lübeck
- Eilsleben – Völpke (Kr Oschersleben) der Strecke Eilsleben – Jerxheim – Braunschweig
- Oschersleben (Bode) – Gunsleben der einstigen Ost-West-Magistrale Magdeburg – Jerxheim – Braunschweig
- Halberstadt – Stapelburg der Strecke Halberstadt – Goslar. Nach 1976 wurde Halberstadt – Minsleben wieder Hauptbahn
- Heiligenstadt (Eichsfeld) – Arenshausen der Strecke Halle – Kassel (seit 1. Januar 1969)
- Meiningen – Eisfeld der Strecke Eisenach – Coburg (Werrabahn); die Fortsetzung nach Coburg wurde später abgebaut
- Meiningen/Grimmenthal – Rentwertshausen der Strecke Meiningen – Würzburg

Wechselnder Status

Dabei war der Status einer Strecke mitunter nicht endgültig. Der 24-Kilometer-Abschnitt Eisenach – Gerstungen gehörte zu der Fernstrecke Berlin – Frankfurt (Main), vor 1945 eine der wichtigsten Verbindungen der Deutschen Reichsbahn. Mit der Grenzziehung reduzierte sich der Verkehr erheblich, zudem entstand nun ein Korridorbetrieb auf hessischem Gebiet. Er führte dazu, dass die im Bahnhof Herleshausen beschäftigten Eisenbahner Bundesbürger wurden, aber weiter zur Belegschaft der Deutschen Reichsbahn zählten und nach dem so-

Grenznahe Nebenbahnen

Den Personalausweis bitte!

Egal ob er auf einer Neben- oder einer Hauptbahn im Grenzgebiet zur Bundesrepublik Deutschland fuhr, der Reisende war seit 1952 einem System der Überwachung und Kontrolle ausgesetzt. Fahrkarten und Fahrscheine nach Bahnhöfen im Grenzgebiet wurden nur ausgegeben, wenn man durch den Personalausweis nachweisen konnte, dort zu wohnen, oder wenn man einen Passierschein vorlegte. Der wurde von der Meldestelle im Volkspolizei-Kreisamt ausgestellt – vorausgesetzt, es gab einen Grund oder eine Befürwortung des Betriebes für die Einreise in das Grenzgebiet.

Bereits im Vorfeld erfüllte die Transportpolizei ihre Pflicht, jeden „Grenzdurchbruch" zu verhindern, indem sie etwa ab Schwerin, Magdeburg oder Erfurt Streifen durch die Züge schickte. Unbekannte Jugendliche oder Personen mit Auffälligkeiten, sei es, dass sie eine Wanderkarte studierten, wurden nach Personalausweis, Ziel und Grund der Reise befragt, weiter beobachtet und ggf. an der Weiterreise gehindert. In den Zügen, die ins Grenzgebiet fuhren, wurde intensiv kontrolliert. So stiegen in den Zügen Bad Salzungen – Vacha auf dem Bahnhof Dorndorf Transportpolizisten zu, die bei jedem Reisenden den Personalausweis, den Grenzausweis bzw. den Passierschein kontrollierten.

Aber es gab auch Ausnahmen. Im Grenzgebiet lag der Abschnitt Eisfelder Talmühle – Drei Annen Hohne der Harzquerbahn. Ihn konnte man ohne Passierschein durchfahren, durfte dann aber nicht in Sorge oder Elend aussteigen. Wer von Magdeburg nach Salzwedel reiste, durfte auf dem dicht an der Grenze liegenden Bahnhof Oebisfelde umsteigen. Er brauchte dafür keinen Passierschein, durfte allerdings auch nicht den Bahnhof verlassen. In den Zügen wachte immer jemand, der Transportpolizist oder der Freiwillige Helfer der Transportpolizei (Lokführer, Zugführer, andere Reisende), dass man nicht zum „Grenzverletzer" wurde. E.P. ∎

zialistischen Arbeitsrecht der DDR arbeiteten.

Über die Grenzstrecke fuhren nur noch zwei Schnellzugpaare, die Personenzüge Eisenach – Gerstungen und Güterzüge. 1961 begann der Bau der Umgehungsstrecke Förtha – Gerstungen, damit die Grenzabfertigung von Wartha nach Gerstungen verlegt und der Korridorverkehr eingeschränkt werden konnte.

Die Neubaustrecke, eine eingleisige Hauptbahn, ging am 19. April 1962 (voll belegt vom 26. Mai 1963 an) in Betrieb. Dem Abschnitt Eisenach – Gerstungen, immer noch eine Hauptbahn, blieben werktags vier Personenzüge Eisenach – Hörschel und ein Güterzugpaar. In den 70er-Jahren stufte die Reichsbahndirektion Erfurt ihn komplett zur Nebenbahn herab und legte diese 1978 still.

Nebenbahnen im Grenzgebiet

Die innerdeutsche Grenzziehung betraf auch zahlreiche Nebenbahnen. Viele dieser Strecken, ehemals in der Mitte Deutschlands gelegen, fanden sich nun im Grenzgebiet wieder. Dies waren:
- Boizenburg Stadt – Boizenburg (Elbe) *
- Ludwigslust – Dömitz
- Rohrberg – Hanum (u) *
- Oebisfelde – Salzwedel
- Marienborn – Beendorf *
- Marienborn – Harbke (ehemalige Anschlussbahn)
- Drei Annen Hohne – Brocken *
- Haldensleben – Weferlingen *
- Oschersleben – Hötensleben (u) *
- Nienhagen – Dedeleben (u)
- Heudeber-Danstedt – Veltheim (u) *
- Wasserleben – Osterwieck – Bühne-Rimbeck (u) *
- Bischofferode – Zwinge (u)
- Leinefelde – Teistungen (u)
- Leinefelde – Geismar
- Mühlhausen – Wendehausen (u)
- Dorndorf – Kaltennordheim
- Probstzella – Sonneberg
- Sonneberg – Eisfeld
- Eisfeld – Schönbrunn

Anmerkungen: (u) – Strecke durch die innerdeutsche Grenze unterbrochen; * – Strecke erst ab 1949 bei der DR

Die Grenznähe hatte besonders ab 1952 eingehende Kontrollen der Reisenden zur Folge (siehe auch Kasten); die Lage verschärfte sich noch mit der „Abriegelung der Staatsgrenze West" am 13. August 1961. Zusammen mit den Grenzbefestigungen richtete die DDR ein 5.000-Meter-Sperrgebiet ein, das einige Strecken ganz oder teilweise einbezog. Der Streckenabschnitt Schierke – Brocken der Harzbahn zum Beispiel wurde für die Öffentlichkeit gesperrt, die Fahrt Dorndorf – Kaltennordheim war nur für Ausnahmefälle zugelassen. Die Schmalspurbahn Eisfeld – Schönbrunn kreuzte gar mehrfach das Sperrgebiet; der Bahnhof Eisfeld lag in der Sperrzone, Schönbrunn dagegen nicht. Die Absperrungen taten ein Übriges dazu, dass das Verkehrsaufkommen auf diesen Strecken abnahm.

Umgekehrte Verhältnisse

Mit der Grenzöffnung im November 1989 kehrten sich die Verhältnisse um. Die verbliebenen innerdeutschen Nebenbahnen – und auch die grenznahen Abschnitte – standen mit einem Mal im Rampenlicht des deutsch-deutschen Reiseverkehrs. Das Streckenstück Meiningen – Eisfeld wurde 1990 wieder zur Hauptbahn. Nach dem am 22. März 1990 zwischen Bundes- und Reichsbahn beschlossenen Lückenschlussprogramm wurde die „Nebenbahn" Eisenach – Gerstungen erst zum Baugleis, dann zur Hauptbahn und schließlich zur zweigleisigen elektrifizierten Strecke, auf der die Züge heute bis zu 160 km/h fahren.

Nicht nur Euphorie

Neben solchen Lückenschlüssen gab es jedoch auch so manche Nebenbahn, die nach dem Abflauen der deutsch-deutschen Euphorie die Konkurrenz des Straßenverkehrs zu spüren bekam. Die Konsequenz hieß dann nicht selten Stilllegung. ERICH PREUSS/GN

Im Frühjahr 1990 konnte man wieder ungehindert in Geismar fotografieren. Eine V 100 steht mit ihrem Zug bereit B. O. Sydow (o.l.), J. Högemann

Momentaufnahmen

Prominente Nebenbahnen der DR

Publikums-magneten

Ausflugsziel, schöne Strecke, Dampfbetrieb: Etliche Bahnen der DR machten sich damit einen Namen. Manche sind noch heute berühmt

Prominente Nebenbahnen

Elektrische Insel im Berliner Umland: Die gab es mit der Strecke Müncheberg – Buckow. Im Juli 1970 steht das Gespann aus ET 188 503, EB 188 502 und ET 188 501 in Buckow K. Kieper

GR. FOTO **Neubaudampfloks mitten im Ort?** Tägliches Brot für die 99 0243 in der Kirchstraße von Wernigerode. Die Harzquerbahn zog Touristen und Ausflügler magisch an; auch wenn der Abschnitt Schierke – Brocken wegen Grenznähe gesperrt war (Juli 1982) J. W. van Dorp

Ihre Streckenführung brachte der Linie Bad Schandau – Sebnitz den Beinamen „Sächsischer Semmering" ein. Im Juli 1977 ziehen eine 86er und eine 50er einen Sonderzug R. Heym

RECHTS **Einst Mecklenburg-Pommersche Schmalspurbahn,** im Mai 1969 aber längst unter Regie der DR: der Betrieb auf der Strecke Anklam – Friedland, hier mit 99 3462 in Friedland Hormann/Slg. WDM

Momentaufnahmen

Zu den Sonderlingen im DR-Bestand gehören die Triebwagen der Oberweißbacher Bergbahn. Im modernisierten Gewand sind 279 203 und 279 205 im Juli 1991 unterwegs   M. Werning

In Begleitung der Weißeritz: Der Zug von Freital-Hainsberg nach Kurort Kipsdorf rollt durch ein romantisches Flusstal – das bei Hochwasser sehr gefährlich werden kann (Bild von 1988)   R. Heym

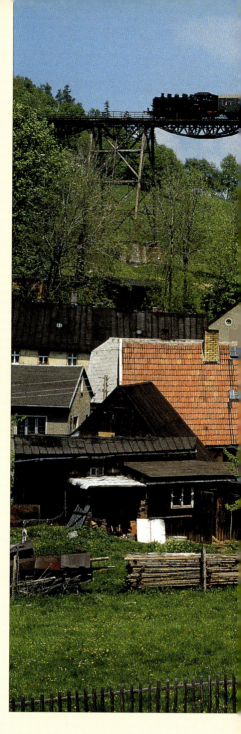

LINKS **Die IV K und die Preßnitztalbahn:** Diese Kombination war bis zur Stilllegung der Strecke weit über Sachsen hinaus bekannt – und ist es nach dem teilweisen Aufbau heute wieder. Im August 1977 scheint man im Bahnhof Jöhstadt noch nichts von diesen Turbulenzen zu ahnen   H. Brinker

Prominente Nebenbahnen

GR. BILD **Am 27. Mai 1988** heißt es Abschied nehmen von der planmäßigen Dampftraktion auf dem Markersbacher Viadukt. Die V 100 schleppt mit ihrem Zug auch eine 86er zum nächsten Einsatzort   D. Höllerhage

RECHTS **Umständlich, aber nötig** war der Betrieb mit Rollwagen bei den sächsischen Schmalspurbahnen. In Altmügeln (Strecke Oschatz – Kemmlitz) hat die IV K im August 1984 Wagen rangiert; man arbeitet hier noch mit der Heberlein-Seilzugbremse   U. Miethe

Momentaufnahmen

GR. FOTO **Eher ironisch** tauften Urlauber die Schmalspurbahn auf Rügen „Rasender Roland". Der Attraktivität des Zuges tat dies keinen Abbruch (Aufnahme in Binz Ost, September 1977) J. W. van Dorp

LINKS **Zu den schönsten Schmalspurbahnen** in der DDR gehörte die meterspurige Spreewaldbahn. Hier ein Zug im Bahnhof Burg (Spreewald) im Sommer 1969 kurz vor der Einstellung des Betriebs W.-D. Machel

Prominente Nebenbahnen

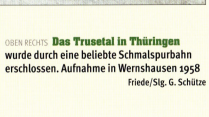

OBEN RECHTS **Das Trusetal in Thüringen** wurde durch eine beliebte Schmalspurbahn erschlossen. Aufnahme in Wernshausen 1958
Friede/Slg. G. Schütze

RECHTS **Steile Berghänge und tiefe Täler** erschwerten einst den Bahnbau zwischen Sonneberg und Probstzella. Umso reizvoller war die Strecke für Eisenbahnfans (E 802 Sonneberg – Leipzig auf dem Teufelsholzviadukt, Mai 1979)
D. Beckmann

Momentaufnahmen

Sachsen ist die Heimat des „Lößnitzdackels": Auf dem Weg von Radeburg nach Radebeul hält Lok 99 1793 im Februar 1988 beim Weißen Roß, kurz vor dem Endbahnhof J. Högemann

Abfahrbereit ins Zittauer Gebirge: Im Dreiländereck Polen/Tschechoslowakei/DDR empfängt der Zug der Zittau-Oybin-Jonsdorfer Eisenbahn seine Fahrgäste (August 1977) H. Brinker

GR. BILD **Elektrifizierte Nebenbahn,** und das mit 50 Hertz: Die Rübelandbahn nahm seit jeher eine Sonderstellung ein. Im September 1981 poltert 251 008 über das Kreuztalviadukt G. Schütze

RECHTS **Eine beachtlich lange Garnitur** hat 99 322 am Haken, als sie um 1970 durch Bad Doberan schnauft. Ostsee-Urlauber schätzten die Nostalgie beim „Molli" K. Kieper

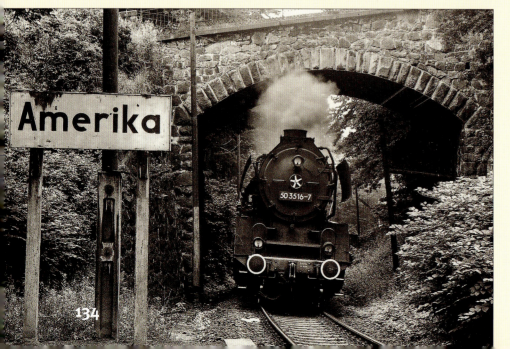

LINKS **Der Weg** von Glauchau nach Rochlitz führt über Amerika. Im Juli 1982 durchfährt die 50 3516 mit einem Güterzug den Haltepunkt an der Muldentalbahn R. Heym/Slg. G. Schütze

Prominente Nebenbahnen

Eisenbahn – Geschichte und Romantik

ISBN 978-3-7654-7073-8

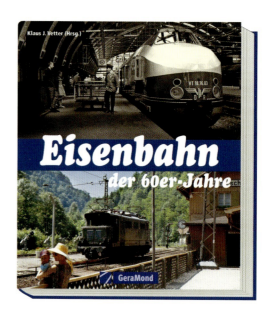

ISBN 978-3-7654-7098-1

ISBN 978-3-7654-7278-7

ISBN 978-3-7654-7275-6

Das komplette Programm unter www.geramond.de